ヤマケイ文庫

梅里雪山 十七人の友を探して

Kobayashi Naoyuki 小林尚礼

Yamakei Library

梅里雪山　十七人の友を探して

目次

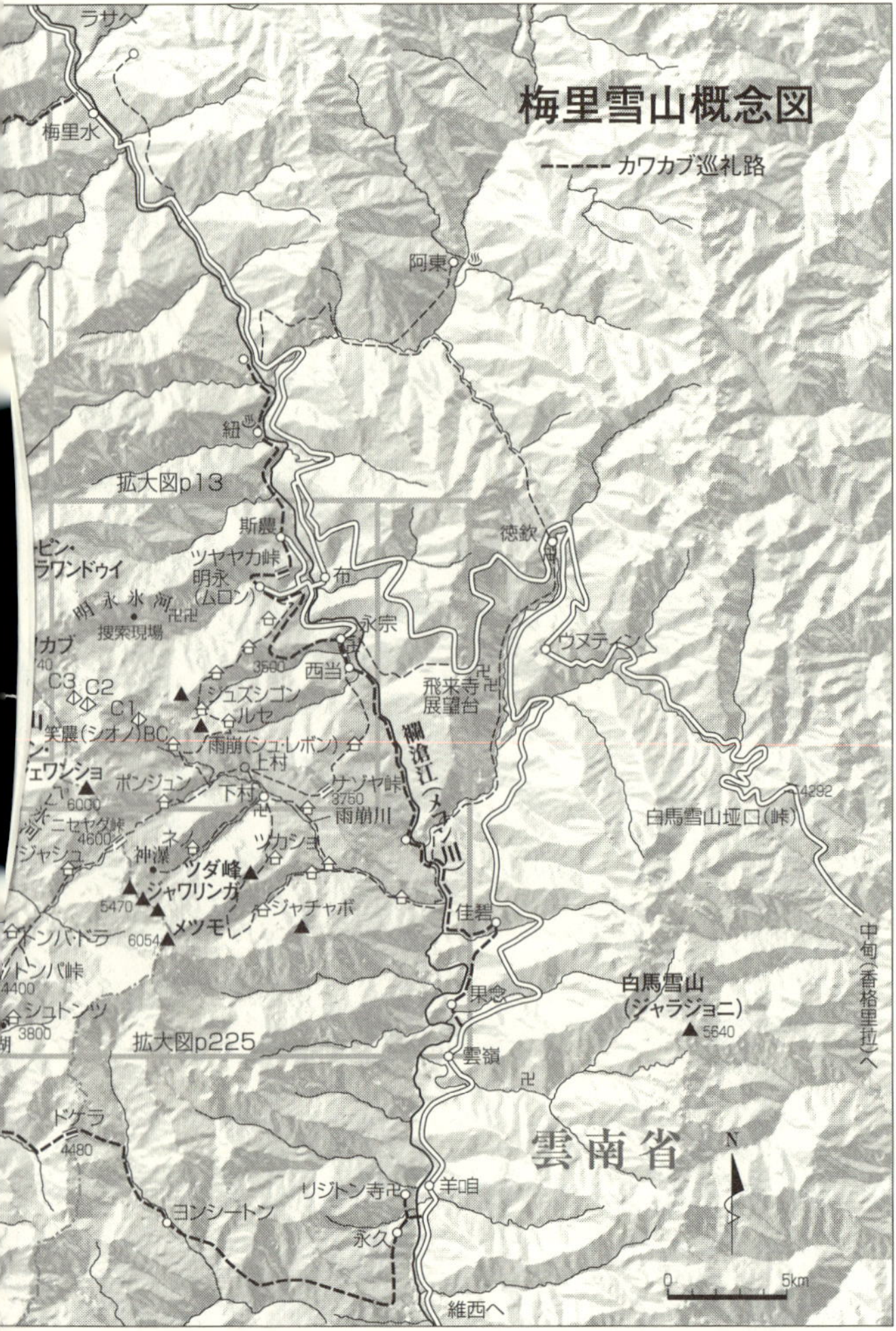
梅里雪山概念図
カワカブ巡礼路
ラサへ
梅里水
阿東
紐
拡大図p13
斯農
ツヤヤカ峠
明永
(ムロン)
布
明永氷河
捜索現場
永宗
西当
飛来寺
展望台
徳欽
ウヌティン
3560
C3
C2
C1
ジュズシゴン
ルセ
笑農(シオノ)BC
雨崩(シュ·レボン)
上村
下村
ポンジュン
ナゾヤ峠
3750
瀾滄江(メコン川)
雨崩川
6000
ニセヤダ峠
4600
ジャシュ
神瀑
ツダ峰
ツカショ
ジャワリンガ
5470
ジャチャポ
メツモ
6054
トンパ·ドラ
トンパ峠
4400
シュトンツ
3800
拡大図p225
佳碧
果念
雲嶺
白馬雪山
(ジャラジョニ)
5640
白馬雪山垭口(峠)
4292
中甸(香格里拉)へ
ドケラ
4480
雲南省
N
リジトン寺
羊咱
ヨンシートン
永久
0
5km
維西へ

ダクラ 4100
ドートン
シュラ 4815
メジュプゴン
ラダ
ポンシュ
チュン
ラザ
4600
ダジョラ
ゲブ
ポヤ
4100
マダ
ドゥル
アテラグ
4600
ラタ
ザゴン
ゴルジュ
カレブー
ウィチュ川
ソンチェラ
4300
怒江(サルウィン川)
サラ
トンディラ
ション・ツゲ
池
4000
3350
ロンプ
チョタマ
6509
ナチュ
3750
ボンゴン
3900
ザテトン
(扎得通)
ジナ
ラジラ
メリ
ノ・ジャジン
3700
ザナ(扎那)
チュナトン
ツァワロン(察瓦龍)
シャチカ
チュベラカ
4200
ツァークワ
怒江
5715
コワテニー
6108
5877
デュケ
チュジュ
拡大図p175
ラカンラ寺
本
ゴルジュ
仏画
チュナトン
ル・ワスィラ
アベン
3740
ロントンラ
チベット自治区
ラサへ
成都へ
チベット自治区
四川省
徳欽
梅里雪山
西昌
貢山
金沙江
香格里拉
玉龍雪山
ミャンマー
怒江(サルウィン川)
福貢
瀾滄江
(メコン川)
麗江
攀枝花
大理
昆明
雲南省

＊地名と人名の表記について

中国内のチベットに関わる地名・人名には、漢語名（中国語名）とチベット語名がある。本書での表記は、基本的に漢語名とその振り仮名を記すこととし、内容上とくに重要なものはチベット語名を併記する。例、明永《ミンヨン》（ムロン）。ただし、漢語名が定まっていない地名やチベット語で呼ばれることの多い人名は、チベット語のみを記す。例、ドケラ、チャシ。チベット語にはさまざまな方言があるが、本書では区都ラサで使われる発音（例、カワカルポ）ではなく、梅里雪山周辺の方言（例、カワカブ）を表記する。

なお、漢字で書かれる中国の名称には、漢語読みの振り仮名を振ることとする。

第一章　聖山への登山

遭難　一九九一

最後の交信

一九九一年の一月三日。

ここは中国雲南省の最高峰・梅里雪山《メイリーシュエシャン》、標高六七四〇メートル。

この日、梅里雪山のふところに、山の初登頂を目ざす日中合同の登山隊が集結していた。

雪が降り続いている。二二時を過ぎるころ、標高五一〇〇メートルのキャンプ3（C3）とベースキャンプ（BC）は、この日最後の無線交信を始めた。

C3「現在C3は降雪多く、視界不良。雪は一・二メートル積もっている」

BC「除雪せよ」

C3「二〜三時間おきにテントの外へ出て除雪している。このまま明日まで続けば、二メートルを越えるであろう」

そのとき、トランシーバーの声に変調をきたす。ワンワンと震えるような音声。

BC「電池不足だから、トランシーバーを替えよ」

C3「……トランシーバーを替えたが、どうか」

BC「同様である。大雪による湿気のせいではなかろうか」

C3「交信を終わりたい。再見」

BC「再見」

二二時一五分、交信終了。

これが、登山隊一七人との最後の交信になった。

翌朝九時、BCからの定時交信に対して、C3からの応答はなかった。一日中呼びかけたが、一七台あるはずのトランシーバーは一台も応えない。その日のうちに北京の中国登山協会（CMA）に異常事態の発生が伝えられ、翌日には京都大学学士山岳会（AACK）に連絡が届いた。

一月五日の午後〇時二二分、遭難に関する第一報が京都の留守本部へファクスで入る。『梅里雪山事故調査報告書』（以下、『報告書』）によると、その内容は次のようなものだった。

〈(一月三日の) 午後一〇時の連絡を最後にBC—C3間の連絡が取れなくなった。BC—徳欽《デーチン》の間は無線連絡が取れているが、C3とは現在も不通である。C3には人数分の無線機があるはずである。BCは北京からの応援を求めている〉

この報告を受けて、午後五時に学士山岳会の事務所で緊急会議が招集される。現状について、以下の認識が確認された。

〈現在の情報で確実なことは「BC—C3間の連絡がとれない」ということだけである。無線交信ができない理由としては、全員遭難あるいは無線機故障など様々な状況が想定されるが、現状ではまったく判断がつかない〉

六日、中国登山協会から続報が入る。

〈五日一七時までBCからC3へ無線による呼びかけを行なったが、応答を得られず。五日一六時より天候悪化し、C3以上は降雪となる。

北京CMAからは登攀《とうはん》・防寒装備を持った六人が一〇時の飛行機で昆明《クンミン》へ向かった。昆明に着き次第、車で徳欽へ向かい、救援活動に参加する〉

この日、日本側も救助隊を派遣する準備を始める。晩には、日本人隊員の一一人

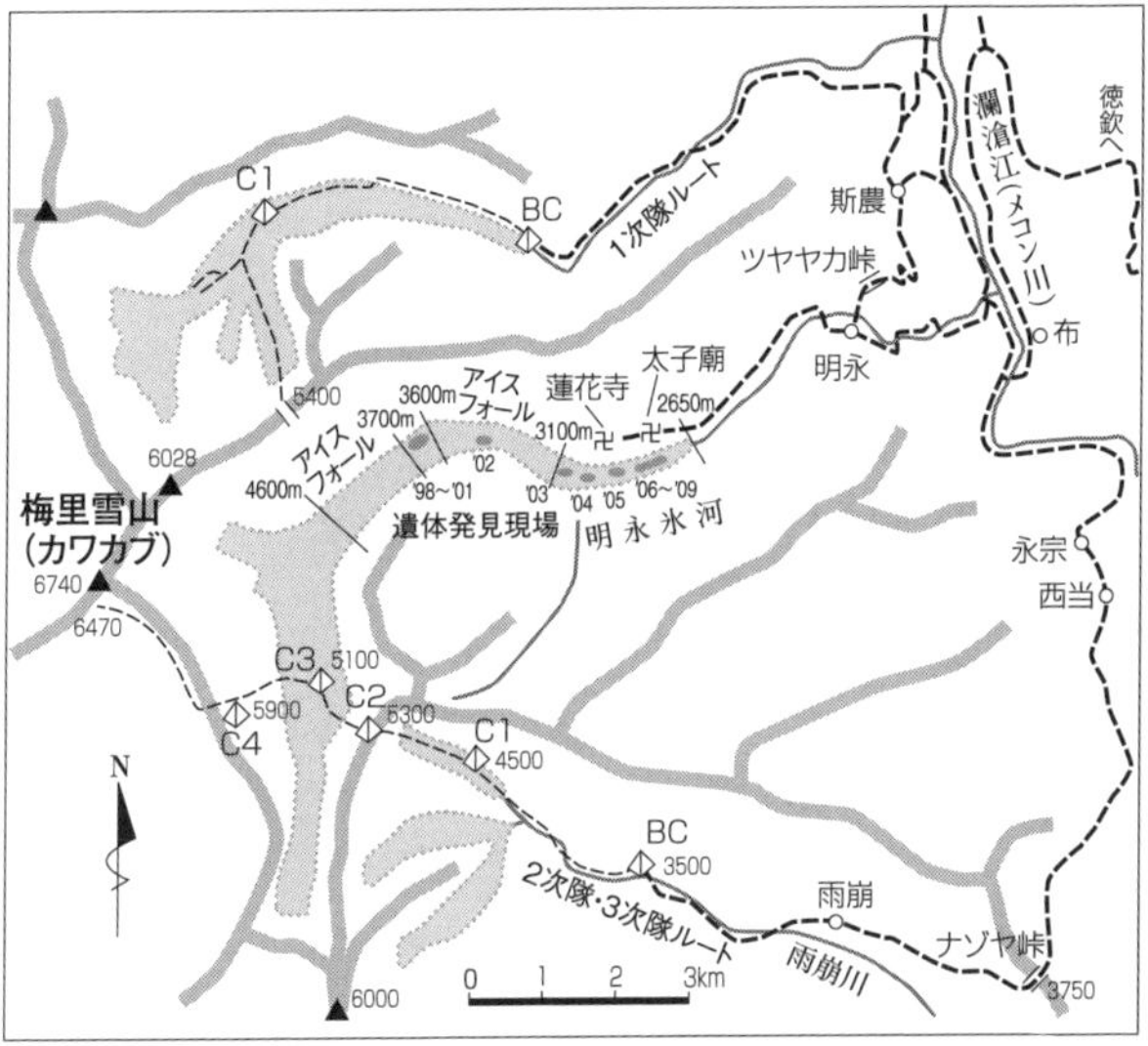

C1
BC
1次隊ルート
徳欽へ
瀾滄江(メコン川)
斯農
ツヤヤカ峠
布
明永
太子廟
蓮花寺
アイスフォール
3600m
3700m
5400
2650m
3100m
アイスフォール
6028
4600m
'98～'01
'02
'03
'04
'05
'06～'09
梅里雪山
(カワカブ)
遺体発見現場
明永氷河
永宗
西当
6740
6470
C3
5100
C2
6300
5900
C4
C1
4500
N
BC
3500
2次隊・3次隊ルート
雨崩
ナゾヤ峠
3750
雨崩川
0
1
2
3km
6000

の家族に対して、登山隊連絡不通の事実が初めて伝えられる。家族の悲嘆の日々が始まった。

登山隊のBCでは、残った中国人隊員たちがC1へ救援用の装備を荷上げする。

そのころ、京都大学の山岳部に所属していた僕は、年末の冬山山行を終えて正月を実家で過ごしていた。一月六日、京都へもどり連絡途絶の報を聞く。梅里雪山登山隊には、同回生や先輩が参加している。まさか最悪の結末を迎えるとは、このとき思いもよらない。そのうち帰ってくるだろうと軽く考えていた。

七日、BCでは、雪崩の危険性が多く、十分な人員がいないため行動を見合わせる。

八日の新聞に、「京大隊、連絡途絶える」と大きく掲載される。この記事を皮切りにして、新聞・テレビによる報道がいっせいに始まった。連日、登山隊に関するニュースが流れるようになる。学士山岳会の事務局は二四時間体制に入る。

九日、中国人民解放軍の偵察機が、航空写真の撮影のため北京を出発した。しかし、C3上空は雲が多く有効な情報は得られなかった。以後、現地の天候を見つつ航空写真撮影を行なうため、飛行機を常時待機させることになる。

この夜、三日前に北京を出発した救援隊のうち四人がBCに到着する。

京都では、日本からの救援隊を派遣するため、資材調達や梱包《こんぽう》が始まる。作業は山岳部の現役部員が中心になって行ない、僕も食料の買出しに走る。

一二日、チベット登山協会から救援隊派遣の申し出があり、六人のチベット人登山家がラサを出発した。

一三日、日本の救援隊が京都を出発する。

BC（標高三五〇〇メートル）では、北京の救援隊が中心になって、標高三九〇〇メートルまで上がる。登山隊が固定したザイルは雪に埋まってしまい、新たなルート工作が必要となっている。

一四日、BCの北京隊は標高四一〇〇メートルまで達する。だが、現場は連日、悪天が続き雪崩の危険性も高いため、救援活動は難航する。

日本にいる私たちは、現地から日々届く報告を耳にして、ただごとではないことが徐々にわかってくる。しかし、残された者はただ待つしかなかった。毎日、日が暮れるたびに、その日も事態が変わらないことに落胆し、不安が募ってゆく。隊員の家族へのマスコミ取材が増え、遭難を示唆するニュースが多くなる。

一七日、チベットの救援隊がＢＣへ到着。強力な援軍を得て、上部へのルート工作のスピードが上がる。北京の救援隊は、梅里雪山東面の明永《ミンヨン》氷河へ移動し、Ｃ３を遠望することになった。この日、イラクで湾岸戦争が始まり、梅里雪山のニュースは目立たなくなる。

一八日、チベット隊が標高四五〇〇メートルのＣ１へ到着。四張りのテントを、一・五メートルの雪の下に発見する。

二〇日、チベット隊は、雪の降るなかを胸までのラッセルに苦労して、Ｃ２のある五三〇〇メートルのコル（稜線上の鞍部）に達する。雪に埋まったテントを掘り出そうとするが、二メートル掘っても見つからない（のちに回収された手帳により、Ｃ２にテントは残されていなかったことが判明する）。

日本の救援隊八人がＢＣへ到着する。

二一日、雪のため行動中止。Ｃ１では新たに六〇センチの降雪がある。

二二日、未明にＣ２付近で大規模な雪崩の音が聞こえる。Ｃ１の降雪量は一メートルに達し雪崩の危険が高まったので、しばらくのあいだ上部へ向かうことは不可能と判断する。チベットの救援隊は、全員が一旦、ＢＣへ下ることにする。

北京の救援隊は、明永氷河の標高四四〇〇メートル地点まで登り、C3の方向を観察する。C3そのものは見えないが、右上方の斜面から雪崩が発生する様子を確認する。

日本の救援隊は、BCからC1へ向かって装備を荷上げする。

二三日、天候と雪の状態が悪いため、BCにいる救援隊は停滞。

二四日、悪天のためこの日も救援活動はできない。連日悪天が続き雪の状態も悪いため、救援隊は徳欽へ一時退避することを決める。

二五日、一七人の連絡途絶から二二日目。この日、恐れていたことがついに現実となった。雪の降り続く現地で、二次遭難の可能性が高まったため、救援活動の打ち切りが宣告されたのだ。日本の海外登山史上最大の遭難が、こうして決定的になった。打ち切りの理由は以下のように説明された。

〈……その理由としては、現場は悪天が続き救援隊の安全を確保することが困難になったことと、また以下の点から隊員が遭難したことは確実とみられることによる。

①飛行機による空中撮影の写真を分析した結果、C3周辺に雪崩の跡は見られるがC3らしきものは見えない。

②一月二〇日、C2に到着した救援隊はC2から徳欽と直接トランシーバーで交信した。もしC3に生存者がいれば、徳欽との交信は可能だったはずである。

③飛行機はBCと交信できたが、C3からの応答は得られなかった〉

信じ難かった。いったい何が起こったというのか！　日本で待つ者にとって日常は何も変わらず、自分はまったく傷ついていない。実感を伴わない死の通告を、僕は受け止めることができなかった。

その日の午後二時、京都の学士山岳会事務局で、救援の打ち切りを伝えるため日本側家族への電話連絡が始まる。連絡を担当する先輩が、一軒一軒へ電話をかけてゆく。三時には、記者発表が大学の記者クラブで行なわれる。

その後、山岳部員の何人かが、隊員の家族のもとへ急行することになった。学士山岳会のしかるべき人があいさつに行くまで、家族の話し相手になるようにとの配慮だった。僕は同回生の笹倉俊一の実家へ行くことになる。鍵を預かっていた彼の下宿へ行き、せめてもの慰めになればと思い、最近の彼が写っている写真を持ちだして、東京行きの新幹線に飛び乗る。笹倉家へ向かう間も、僕はまだ遭難という事実の実感がわかず、悲しみも感じなかった。

夜九時、もう一人の部員とともに笹倉の実家へ着く。家にいたのはお母さんと弟だけだった。初めてお会いする笹倉のお母さんは、とても優しそうな人だった。彼のもつ優しさのわけがわかるような気がした。何を話したらよいのかわからず、下宿から持ってきた写真を見てもらう。お母さんはすすんで息子の思い出話をしてくれた。涙はない。日一日と絶望へ近づく二〇日間で、もう泣き疲れていたのだろうか。僕たちが来たことを喜んでくれているようで、胸をなでおろした。

一〇時過ぎ、お父さんが仕事から帰ってくる。捜索の打ち切りや、僕たちが来ていることはすでに電話で知っている。あいさつをすると、背広も脱がずに「一緒に飲もう」と言ってお酒をついだ。息子の話をしながら、時おり大声で笑う。僕は何も言うことができなかった。その晩は、笹倉家に泊めてもらう。

翌日は山岳会の理事が来ることになっていたが、それまでは何もすることがない。テレビや新聞を見て時間をつぶす。その間、笹倉家の親戚や友人がお見舞いにやってきた。

午後四時過ぎ、理事が到着する。これまでの経緯と救援打ち切りになったいきさつを、正式に報告する。両親は黙って聞いていた。報告が終わると、お父さんは丁寧にお礼を言い、最後に息子についてこう言った。

「二一年の短い人生でした」

その言葉を聞いたとき、心が震えた。急に涙が出そうになった。何かが終わったことを、初めて実感した瞬間だった。

その後しばらく話をして、僕たちは笹倉家をあとにする。お父さんが駅まで見送ってくれた。こんな事故がなければ、笹倉のご両親に会うことはなかっただろう。運命の不思議さを感じていた。

二月六日、北京において梅里雪山登山隊遭難に関する記者会見が行なわれる。そこで初めて、人民解放軍の航空機が撮影した航空写真が公開された。C3があったと思われる場所には、白い雪原が広がるだけで、人跡を示すものは何も写っていなかった。会見では、その写真を示しながら遭難原因を次のように説明した。

〈……その原因を想定することは容易ではないが、突発性の山地災害が生じたと考えられている。最も可能性が高いのは、二日から三日にかけて降った大雪によって発生した巨大な雪崩が一瞬のうちにC3全体を埋没させたことである。このような事故は、人力をはるかに越えた一種の自然災害である〉(報告書より)

翌七日には、北京の郊外で合同追悼式が行なわれる。これらの行事を最後にして、救援活動は終わりを告げた。

梅里雪山計画

学士山岳会が梅里雪山の登山を初めて計画したのは、一九八〇年のことである。だが、この時代は時期尚早で、外国人を受けいれる中国側の態勢が整わず、計画を断念している。

その後、京大探検部の広瀬顕らが梅里雪山に目をつける。一九八四年から具体的な動きを始め、一九八八年に日中合同の隊として念願の登山許可を取得する。計画の主体を、山岳部OBの多い学士山岳会とした。

許可をとった年の秋には先遣隊を派遣して、梅里雪山北東の斯農《スノン》氷河をルートとして定め、翌八九年に第一次の本隊を送りだす。だが一次隊は、険悪な氷河と悪天のために登頂を断念せざるを得なかった。この年には、学者とテレビ撮影班で構成された科学隊も現地を訪れている。翌九〇年春にもう一度登路の偵察へ出かけ、梅里雪山南東の雨崩《ユイポン》氷河を登る新ルートを発見する。その年の初冬に、遭難にいたる第二次登山隊が出発することになったのだ。

一九九〇年の一一月。第二次隊の先発三人が神戸港を出発する。多くの友人が見送りに集まった。桟橋とフェリーの間に何本ものカラーテープが渡され、その先にはにかんだ笑顔の笹倉がいた。初めての海外登山を前に、胸を膨らませていた。

三週間後、本隊の八人も出発。隊員のほとんどが山岳部の先輩であり、そのなかには、会心の山行をともにしたことのある児玉裕介もいた。四度目の梅里雪山行きとなる広瀬の顔もあった。

「日中合同梅里雪山第二次学術登山隊」のうち、遭難にいたる一七人の顔ぶれは次のとおりである。

（日本側）

登山隊長　井上治郎（四五歳）　京都大学防災研究所助手

秘書長・通訳　佐々木哲男（三八歳）　近畿第一監査法人・公認会計士

医師　清水久信（三六歳）　メイト北山・医師

登攀隊員　近藤裕史（三三歳）　財団法人日本気象協会関西本部

米谷佳晃（三二歳）　朝日テクノ株式会社
宗森行生（三二歳）　共同通信社横浜支局
船原尚武（三〇歳）　神戸大学大学院自然科学研究科学生
広瀬顕（二七歳）　京都大学大学院農学研究科学生
児玉裕介（二三歳）　京都大学工学部学生
笹倉俊一（二一歳）　京都大学農学部学生
工藤俊二（二一歳）　京都大学文学部学生

（中国側）
隊長　宗志義（四〇歳）　中国登山協会
登攀隊員　孫維琦（三一歳）　中国登山協会
李之雲（三四歳）　雲南省登山協会
王建華（三七歳）　雲南省登山協会
（協力員）
斯那次里（二六歳）　雲南省徳欽県
林文生（二二歳）　雲南省徳欽県

日本側と中国側の隊員は昆明で合流し、一二月一日に山麓の雨崩村上部にBCを建設する。BCには一七人のほかに中国側の登攀隊員二人（金俊喜、張俊）、連絡員一人、協力員六人、コック三人がいて、日中あわせて約三〇人が集まった。

今回の登山は多人数の登頂をねらうため、大量の装備や食料を荷上げしてキャンプを一つずつ設置してゆく「極地法」が採用されている。その荷上げに協力してくれるのが、地元徳欽在住の若者たちだ。彼らを「協力員」と呼ぶ。

一二月四日、登攀活動を開始。急傾斜の氷河に沿ってルートを延ばしてゆく。足場が悪く、登山初心者の協力員にとってはやや難しいルートだ。時おり落石や雪崩が起こる。活動の前半は、日本人のなかで体調を崩す者が多い。

八日、C1を氷河上の雪原に設置する。この日、協力員たちがルートの危険性を理由にストライキを起こした。これは徳欽県の県長による説得で収まったが、翌日以後は協力員たちの危険な行動が問題になる。佐々木秘書長がBCで毎日つけていた「登山隊日誌」（以下、「佐々木日誌」）によると、

〈次々と、協力員の危険行動が報告される。そもそも、アイスフォールの下り口でアイゼンをとってしまう（早くかけ下るのにアイゼンがじゃまなためのようであ

る）、アップザイレン（懸垂下降）にエイト環（下降器）を使わずぶら下がって降りる等々、まことに目に余る〉と報告されている。

別の箇所には、こうも記されている。

〈何しろ協力員の荷上げは、登山隊の大動脈ともいうべきものである上に、彼らとの関係は、登山隊を必ずしも快く思っていない現地の人々を刺激しかねない微妙な問題である〉

〈この登山隊にとって協力員問題は最大の難事である。未開放のこの地域でもし協力員に事故でもあれば、たちまち大問題とかす。ことに梅里雪山が信仰の対象であることが絡んで、金俊喜の表現によれば、「一旦事故があれば、登山どころか隊員の現地住民からの安全が最大の問題となる情勢」なのだ〉

このように登山の前半では、登山隊と協力員との関係が問題になっていた。

その間も、先行するルート工作員は直実に前進してゆく。氷河源頭の雪壁を登り、一三日には明永氷河へ続くコルにC2を建設する。C2までは狭く威圧的な氷河を登ってきたが、コルに上がると視界が一気に開ける。目の前に幅一キロ近い明永氷河源流の雪原が広がり、その先に梅里雪山の鋭い山容が望めるようになるのだ。

佐々木日誌には、「C3プラトー（雪原）はまったく別世界である」と記されている。

計画では、この雪原のできるだけ山に近いところにC3をつくる予定であった。だが、その位置をめぐって、現場の日中隊員の意見が食い違う。今後の登山活動に関わる問題なので、日中の登攀リーダーをC2からBCへ降ろして、話し合うことになった。

一五日に開かれた幹部会議で、両者の意見は対立した。

〈大きく難航したのは、昨日のC2で意見の一致をみなかった、C3位置問題である。（宗志義は）いつになく強行に自説を主張し、日本案を、素人の選定とまで言い切る。命に関わる問題であるから、隊が決めても自分は入らないと主張する。なぜか近藤裕史も積極的に反論しない。井上は、自分で見ていないだけにこう見解が分かれるとなかなか、決めかね、暗礁に乗り上げるかに見えた〉（佐々木日誌より）

だがその後、両者がそれぞれ考えるC3位置を図上に示すと、大差のないことが判明した。食い違いは、言葉が通じないことによる誤解が原因だということに落ち着く。

二〇日、上部へもどった近藤と宗は、C3を建設する地点へ向かった。位置問題は解決したはずだったが、ここで再び両者の意見の違いが生じる。それぞれがC3適地と考えていた場所には、やはり二〇〇メートルほどの差があったのだ。日本側が考えている方が、山に近い。近藤と宗のやりとりは次のような様子だった。

〈宋志義は、日本の選定地は危険があるという。どうしても張りたければ、別々に張ればよいといってくる。C3の近藤裕史に再度、安全性を確かめると、「谷のC2側で確実、宋志義は一度見て欲しい」といってくる。これを伝えると、「見る必要なし。ここからでもよく見える」との返事。袋小路に入りかける。しょうがないので、たかだか二〇〇メートルのこと、譲歩してもよい覚悟でC3に、「宋志義がみて危険と判断したら、諦めてくれ」と念押ししてから、宋志義に、「見ないで主張するのはよくない。見た上での判断なら、宋志義の意見を受け入れる」旨伝えると、OKと一言返事が帰ってきた。（中略）しばらく待つと、近藤裕史から、「宋志義は日方案で了承しました。午後から、中方テントを移します」との連絡。先日からの懸案は、急転直下解決した〉（佐々木日誌より）

このように、C3の位置を決めるにあたっては二度の意見の対立があったが、その都度議論を尽くすことによって中方が日方の意見に納得するという形で決着した。

その日の午後のことだった。

〈トランシーバーから宗森行生の「おいC3、大丈夫か」という些《いささ》か慌てた声が飛び込んでくる。やや間をおいて、船原尚武の「大丈夫です」という返答がある。何事かと思ったが、C3が対岸のバットレス尾根からの（2号尾根と3号尾根の中間辺り）ブロック雪崩の爆風を受け、一瞬雪煙の中に姿を没したのであった。デブリもC3から二〇〇メートルは離れており、間に谷もあり、C3は、もっと大規模でも影響を受けないと報告してきた〉

C3の位置については先ほどもめたばかりなので問題の再燃を心配したが、宋志義は「当たり前のことではあるが、大したことなし」と冷静に報告した。これで一件落着となる。

以上のような過程を経て、全員遭難の要因となるC3の位置が決定されたのである。

二一日から、頂上稜線へと続くバットレス（急雪稜）のルート工作が始まる。C3（標高五一〇〇メートル）が前線基地としてふさわしいと考えられ、C2は無人化することが決まった。

二四日、徳欽気象台から天気予報が届き、年末に大雪の恐れがあることが伝えられる。この情報を受けて、頂上アタックを計画よりも早く行なうことが、宗志義より提案される。

二五日、バットレス上の核心部である雪壁を突破する。これで早期アタックが現実的になったが、それによって新たな問題が持ち上がる。第一次アタックメンバーの選定で北京組と雲南組をどう配分するかが問題になったのだ。山の実力では北京組が上だが、梅里雪山は雲南の山という事情がある。両者の間で長い話し合いが行なわれる。結論は、第一次アタックには北京組の二人だけが入るということになった。

二六日、バットレス上の標高五九〇〇メートル地点にC4を建設。荷上げが困難なため、C4は予定していた雪壁の上ではなく下にたてられた。二七日には、C4の上部を偵察する。この日、近藤・船原・広瀬・宗・孫がC4入りして、頂上アタックの態勢が整った。

二八日、アタック隊五人は明るくなるとともにC4を出発した。報告書によると、この日の行動は次のようなものだった。

13：00ごろ高度六四七〇メートル（頂上まで二七〇メートル）まで達したが、天気が急に悪くなり、視界二～三メートルとなる。宗、孫は撤退を希望。相談の後C3井上と交信。

13：30　井上「ファクスが出る14：30までその場で待機せよ」

14：30　六四七〇メートル地点では、さらに天候悪化。

井上「天気が良くなる可能性がないので下れ」全員下降開始。

16：00　第二バットレスの上に張ったフィックス終了点（最上端）が見つからず。

近藤より井上へ状況報告。

井上「ツェルトに入って待機せよ」

17：50　宗、孫、フィックス終了点を探すためにツェルトを出る。近藤、この旨を井上に交信報告。井上はあせって、金（BC）に連絡し、宗への交信を試みてもらう。

BCからは大型トランシーバー二台で呼びかけたが応答なし。ただし、このとき宗・孫がトランシーバーを持っていたかどうかは不明。

18：15　ＢＣと宗との連絡がつく。「下り口わからず、元の地点に戻った。視界二～三メートル」

ＢＣより宗へ指示「井上も心配している。元の地点で待機せよ」

宗、井上にＣ４の第二次アタック隊員のサポートを要請。

井上「いずれ救援に行くから、暫時《ざんじ》その場で待機せよ」

Ｃ４の林、救援に上がることを希望したが、李、日方隊員に止められる。

ＢＣも林の行動には反対。

井上は、今の天気の状況と林の技術では無理と止めた。林は承服した。

20：00　天候不変。井上「第一次アタック隊の持っている食料を点検せよ」

日方、昼食三・五食、コンデンスミルク（チューブ入り）一本、ソーセージ二本、ローソク二本、メタ二個、ＥＰＩストーブ一組。中方なし。

井上、五人平等に配って食べるように指示。さらに日中の意思疎通のため広瀬を宗のいるツェルトに入らせた。

22：15　天候も回復し、月も出た。下降開始。五名が一本のザイルにつながって下り口を探した。

22：50　フィックス終了点を発見。
23：13　宗、雪壁の上に達する。
23：22　全員C４へ帰着。

この行動で事故が起きなかったのは幸いだったが、翌日予定されていた第二次アタックは中止になってしまう。翌日は晴れたので、悪天前の好天をみすみす逃す結果を引きおこす。さまざまな歯車の動きが一つの方向へ向かいはじめ、運命の日へ一歩ずつ近づいていった。

二九日、晴れ。態勢を立て直すため、C４にいる隊員はC３へ下りる。

三〇日、佐々木秘書長と清水ドクターがC３へ登ってくる。これで、日中の登山隊員一七人がC３へ集結することになった。

三一日、晴れ時々強風。全員停滞して、今後の方針を決めるための全体会議を開く。そして一月四日に第一次アタックをかけることが確認された。

一九九一年一月一日。降雪は、年が明けたこの日の午後から始まった。

二日、朝から大雪となり登山活動は完全にストップする。

三日も大雪となり、頻繁にテントラッセルを行なう。三一日にたてた登頂計画を四日間うしろへずらすことを決める。夜には降雪量が一・二メートルに達した。二一時半から定時交信が始まり、二二時を過ぎるころ、C3とBCはこの日最後の無線交信を始めた……。

遭難の原因

事故直後の騒動が一段落した三月、京都で学士山岳会主催の合同追悼式が開催された。会場となった大講堂では、数十メートルの壁面に一七人の遺影が飾られ、約一五〇〇人の参列者が集まった。まだ幼い遺族の子どもが、何も知らずに会場を駆けまわっている。その姿が参列者の涙を誘った。

しかし会場の立派さとは裏腹に、僕は彼らの死に対していまだ現実感を持つことができないでいた。

五月、遭難した隊員の家族が初めて中国雲南省の現地を訪れる。参加者は日中双方で三〇名。その時期に合わせて、梅里雪山を望む飛来寺《フェイライ》の展望台に、一七人の名を刻んだ慰霊碑が建立された。
碑には、中国語と日本語で次のように記されていた。

「秀峰大地静相照
高潔精神在其間
大地あり
美しい峰あり
気高き人がいて」

慰霊碑の除幕式の日、梅里雪山の姿は遭難のときと同じように厚い雲に覆われていた。が、チベット仏教の老僧が五体投地の礼拝を始めると、ほんのいっとき雲が晴れて山頂が見えたという。この一瞬の邂逅《かいこう》は、失意の底に沈む家族にとって、言葉では言い表すことのできない神秘的な体験だったという。
家族の現地訪問団と同時期に、C3の捜索と遭難原因の究明を目的として、日中合同の捜索調査隊が派遣された。隊員とスタッフを合わせると四〇人以上という大きな隊である。天候が安定するはずの四月から五月にかけて現地へ入ったが、この年は非常に天気が悪く、連日のように雨や雪が降った。一カ月の調査期間中に、上部工作ができたのはわずか二日間だけである。最高到達点は標高四四〇〇メートルで、C1へ達することもできず、C3の捜索という目的はまったく果たすことができなかった。

こうして、一七人の消息は何ひとつわからないまま、捜索活動は終わりを迎えるのである。

＊

学士山岳会は、遭難後に事故調査委員会を設置し、遭難から一年かかって「梅里雪山事故調査報告書」を刊行する。「調査報告」の章の最初のページには、次のように書かれている。

〈検討に先立ってあらかじめ述べておかねばならないのは、上部で行動していた隊員が誰一人として戻ってこなかったために、残された間接的な状況証拠から推し量って議論をしなければならなかったということである〉

そのような大きな制約のなかで、登山活動と救援・捜索の記録をまとめ、登攀活動・気象・雪崩などについて科学的考察を加えた。遭難の直接原因は、事故直後から「巨大な雪崩」の可能性が指摘されていたが、報告書ではコンピューターのシミュレーションモデルを用いて雪崩の走路を検討した。その結果、Ｃ３まで届く大規模な雪崩が、ある条件のもとでは起こり得ると結論づけ、報告書の「結び」には、〈一月二日、三日に、隊員の誰もが予想していなかった大量の雪が降り、三日夜から四日朝までの間に乾雪表層雪崩が発生したと推定される。（中略）この雪崩が異常に慣性効果が大きいものであったために、運ばれてきた雪がＣ３まで達し、隊員たちをテントもろとも埋めてしまったと考えざるを得ない〉と記された。

報告書ではさらに、そのような大事故に登山隊がなぜ遭遇したのかについて、大きく三つの問題点を指摘している。

一つ目は、Ｃ３位置を選定した際の問題だ。報告書は次のように言っている。〈明永氷河上の高度約五一〇〇メートルに建設されたＣ３の位置の選定は大きな問題である。これをどこに選ぶかについて、日本側、中国側の隊員間に意見が分かれ、幹部隊員たちはいったんＢＣまで下りて会議を開いた。これは相互に言葉が通じなかったことによる誤解が主な原因で、協議の結果合意に達した。その位置は、北流する明永氷河上流部の表面にできた谷上の凹部よりはC2に寄ったところと説明されているが、正確な位置はいまだにわからない。結果的にいえば、この数日のロスがなければ、悪天候の周期がくる前に登頂が終わっていた可能性が考えられる〉

また別の箇所ではこう述べている。

〈一二月二〇日にC3の近くまでかなり大きな雪崩が来たが、この時にはC3は実際上被害を受けることがなかった。このことがかえって、隊員たちにC3の安全性についての自信を与えたのではなかろうか。隊はこのあとC1とC2を無人化することを決め、遊軍や秘書長を含めた全員のC3集結と長期滞在を行った。

C1とC2を維持することをやめ、ほぼ全員をC3に集結する作戦を取ることになった真の理由はわからない。複数の登頂隊を送り出すためには、C2とC3に分散しているよりも、C3に大勢が待機しているほうが有利なことはいうまでもない〉

C3の位置を決める際、合意にいたるまでに時間がかかったことと、隊員全員がC3に集結したことの問題点を指摘している。

一方で、C3の位置そのものの妥当性は、事故後の調査で正確な位置が特定できなかったため、報告書では論じられていない。だが、中国側の強い反対にもかかわらず、日本側の主張を通してテントの位置を二〇〇〇メートル山側に近づけたという事実は、その是非を評価しなければならない重要な問題である。

二つ目の問題は、合同隊ゆえの障害についてだ。引き続き報告書を見てみよう。

〈交通不便な未開放地域内にあり、かつチベット仏教の聖地であるこの山に、接近し登攀を試みる企てを、合同計画以外のやり方で成立させることは、いうまでもなく、きわめて困難である。合同計画はいわば所与の条件であり、すべてはここから出発したのである。また具体的に学士山岳会にとって有利だったこととして、BCまでの人員と物資の輸送、高所協力員の選定という難問題を、ともに中国側に全面的に依存することができたことなど、数多くあげられる。

一方、逆に不利であったこととして、登山の経験の少ない雲南側隊員を登頂メンバーに加えるために、大きな努力を払わなければならなかったことがあげられよう〉

〈言葉の問題も重要である。（中略）前半の段階では隊員間の意思疎通がうまくゆかなかったので、井上隊長はいろいろと配慮し、後半に入ったころには良いチームワークができたように思われる。それにもかかわらず、中国語に堪能な佐々木秘書長が最終段階でC3に上がったのは、頂上アタックをめぐる班の編成やこまやかな

作戦の指示に、言葉の面で完璧を期したためであろうと考えられる〉

この隊は日中の合同隊であるとともに、京都・北京・昆明の三者の合同隊であった。そこへさらに徳欽も加わり、それぞれが自分の立場を主張し、かつ互いのメンツをつぶさないよう配慮するという複雑な関係があったのである。

報告書にはこうも記されている。

〈……結果的にいえば、全員のC３集結と長期滞在が登攀隊全員遭難の条件を作りだしてしまった。

どうしてこのような人員配置になったのかを考えていくうちに、彼らの持っていた登攀計画の運用における融通性が十分でなかった点に原因はありはしなかったかという考えに到達した。計画の縮小を考えてもよい状況に直面していたにもかかわらず、あくまでも当初の計画の多人数の登頂体制を取ろうとしていたことが想定されるからである。（中略）

このようなタクティクス案が成立した背景はわかるとしても、実情にあわせてこれをフレキシブルに修正しなかった点が問題である。その最大の理由は、なるだけ多くの隊員を頂上に立たせたいという、いわば政治的配慮を重視しなければならな

い合同隊であったということだろう〉

合同隊という背景が多人数登頂にこだわらせ、その結果計画を切り替える柔軟性を失わせて、最終的にC3へ全員集結という事態を招いたのではないかと指摘している。

三つ目の問題点は、学士山岳会自身についてだ。

〈梅里雪山学術登山計画は一九八八年以来、合同計画のため、中国側と折衝や協議を頻繁に行う必要があったという事情もあり、諸般の検討と決定はもっぱら隊員会議において行われ、必要が生じた場合にだけ、理事会またはヒマラヤ委員会が開かれることになったのである。（中略）できるだけ冷静に第三者の目で問題点を指摘し、代替案を提示することができる機構上の積極的な歯止めを欠いていたと指摘されても、反論の余地はない〉

そして別の章ではこうも述べている。

〈登攀対象の困難さ、すなわち短期間で迅速な登攀を要求される度合と、編成された隊の登攀の力量とのバランスに問題があったのではないかということも反省すべきであろう。

これまで比較的易しい未踏峰に連続して大勢の隊員が登頂することに成功してきた学士山岳会は、海外登山の経験者を数多く輩出することができた。しかしながら、これに比べて困難な状況に応じて現地で適切に方針を変え、危機を乗り切ったという経験は豊富ではない。結果的にみると、そういう意味で、残念ながら、ヒマラヤ登山の真に優秀な指揮者が多く育っていたとはいえないのではなかろうか。（中略）学士山岳会は初登頂主義をかかげ、学術登山隊を続けて派遣しているうちに、登山そのものについての厳しい検討、本格的な登山対象に対する謙虚で真摯な取り組みをすることに、心のゆるみ、甘さが生じていたのではないか〉

このように報告書では学士山岳会の実力そのものに対して、そして登山に取り組む姿勢に対して痛烈な批判を浴びせている。

そして最後に、C3の位置などの調査が不完全なことを指摘し、「われわれは委員会に与えられた課題がこれですべて終了したとは考えておらず、現在なお不十分な部分については今後も検討と反省を続けねばならないと考えている」と結んで、その報告書を終えている。

この報告書をまとめたあと、学士山岳会は長い休眠に入る。

再挑戦　一九九六

遭難の翌年・一九九二年の初冬、「梅里雪山」と題されたぶあつい追悼集が発行された。日本人隊員の遺族や友人たち総勢一〇七人が追悼の言葉をよせている。山岳部五年目となった僕は、同回生の笹倉の思い出をつづった。

当時の僕は、笹倉や児玉たちの死を理解できないまま、これからどうやって生きてゆけばよいのか迷い悩み、悶々《もんもん》としながら山登りを続けていた。だが、時がたつにつれて、彼らが帰ってこないという事実だけは現実となってゆく。それとともに、彼らの記憶がすこしずつ遠くなってゆくことが恐ろしかった。それを打ち消すため、彼らと生きた証を何かの形で残したいと考えはじめていた。

＊

遭難から二年目の春、京都の比叡山に一七人のための慰霊碑が建立される。延暦寺横川《よかわ》のひっそりとした林のなかに大きな岩が置かれ、そこに「鎮嶺」と刻まれた。

そのころの僕は、国内のいくつかの雪山山行をリーダーとして成功させ、自分の登山に自信が持てるようになっていた。それとともに言いだせない思いがつのってきた。それは、梅里雪山に挑戦したいという思い。自分に自信を持ったとき、ひそかな思いは現実の目標に変わった。

「もう一度、梅里雪山へ！」

春山からもどると、山岳部の先輩たちに次々と呼びかけた。

一九九三年の九月、呼びかけに応じた四人が部室に集まり、第一回の隊員会議が開かれる。

だが、大遭難を起こした山への道は、平坦なものではなかった。肝心の登山隊員が集まらず、半年たっても実働部隊が集まらない。二次隊の遭難にともなう未解決の問題がいくつもあることが判明し、登山の検討よりもさまざまな問題の調整に時間がとられるようになる。さらに、仲間が中国のミニャコンガ峰で遭難死するということが重なった。一九九四年に予定していた登山隊の派遣は、一年また一年と延期になっていった。

「ただ山に登りたいだけなのに、なんでこんなに煩わしいことをやらなければいけないんだ！」

そう叫ばずにはいられなかった。

最初の呼びかけから二年が過ぎたころ、隊の実体がようやく固まりはじめ、一九九六年秋の出発を目ざして中国との交渉がスタートする。しかし、交渉は難航した。遭難後の問題や現地住民の反発などが主な理由である。こうなると「登頂は二の次だ、とにかく登山道具を持ってBCにたどりつけさえすればよい」とまで考えるようになっていた。そしてついに、予定していた出発日の三カ月前になっても登山許可がおりず、計画断念かとあきらめかけた矢先、リミット直前の七月中旬に何とか調整が間にあって、第三次登山隊が結成されることになったのだ。

この年の春、僕は八年間の大学生活を終えて東京の会社に就職した。入社一年目に長期の休職を認めてもらい、登山隊に参加することになった。

一九九六年の一〇月、先発隊三人が日本を出発する。僕もその一員となった。一一月には本隊八人も出発。三年前に始めた隊員会議の回数は、三四回を数えていた。「日中友好梅里雪山峰合同学術登山隊一九九六」のメンバーは次の通りである。

（日本側）

総隊長　斎藤惇生（六七歳）

統括隊長　松林公蔵（四六歳）
秘書長　倉智清司（四七歳）
気象隊長　福崎賢治（四七歳）
登攀隊長　*人見五郎（四〇歳）
登攀隊員　吉村千春（三七歳）、高井正成（三四歳）、*中山茂樹（三四歳）、睦好正治（二九歳）、*小林尚礼（二七歳）、中村真（二七歳）（*は先発隊員）
報道隊員　読売新聞社四人
シェルパ　ネパール人四人
通訳　中国人二人

（中国側）
総隊長　葉明寿（雲南省体育運動委員会）
秘書長　張俊（雲南省体育運動委員会）
登攀隊員　*木世俊、*袁紅波、宗一平、金飛彪（*は先発隊員）
BC要員　五人
コック　二人

一〇月中旬、日本の先発隊三人は昆明へ到着。中国側総隊長から、今回の登山についての基本方針を聞く。

「徳欽では友誼《ゆうぎ》に徹する。安全第一、登山第二。頂上は踏まない（宗教上の理由）。遭難した隊員の何かが出てきたとき、力があれば登頂してその後埋める……」

中国側隊員やスタッフを合わせて計一三人の先発隊が昆明を出発。四トンの隊荷を積んだトラックと二台のジープに分乗して三日間走り続け、梅里雪山の麓の町・徳欽へ至る。その途上で、僕は初めて梅里雪山を見た。標高四三〇〇メートルの峠を越えて大きな谷を下ってゆく途中で、それは突然現れたのだ。

「神々しい」

逆光に輝くその姿を見て、山に対して初めてそう思った。雲一つかからず山全体が見えていた。写真では何度も見ていたが、周囲の地形とともに谷のなかから仰ぐ姿は、想像していたよりもずっとスケールが大きかった。これほどまでに険しい峡谷地帯にそびえていたのか……。

一九九一年の捜索調査隊以来、五年ぶりにこの地へ来た中山茂樹も、じっと山に見入っている。僕たちは双眼鏡をとりだして、核心部となるバットレス（急雪稜）

のルートを目で追った。

徳欽に着いた晩、県長の招待を受ける。席上、「受け入れ準備は整い、みなさんを歓迎する」とあいさつされたが、同時に「住民感情についてはくれぐれも注意してほしい」と念を押された。

翌日は、あいさつ回りもそこそこに徳欽を出発する。中国側は、登山隊を早く山に入れてしまいたいようだった。車道の終点である西当《シータン》村まで行き、隊荷を馬に積み替えるための準備を行なう。村人たちが遠巻きに我々を見つめている。なにか監視されているようだ。中国側のスタッフもピリピリしていて、和やかな空気はない。何度も海外登山を経験している中山は、「こんな張りつめた雰囲気のキャラバンは初めてだ」と言う。

過去二回の梅里雪山登山や救援隊では、住民とのトラブルが何度も起きている。昨夜の徳欽では、村人に近づいたり写真を撮ったりするなと注意を受けた。中国との交渉が難航した理由の一つに「現地住民の反発」ということがあったが、その問題はいまだ解決されていないようだった。この日我々は宿泊場所でひっそりと一夜を過ごす。

地元の人々との友好的な雰囲気がないまま、緊張感のただよう入山となる。ヤクや馬に荷を積んでキャラバンを開始。一日歩いて山あいの雨崩村へ至る。ここは戸数二〇戸ほどのチベット族の村だ。この晩はこの村に泊まる予定だったが、村から登山隊にあてがわれたのは廃屋と化した小屋だった。隊荷を置かせてくれる家もなく、お宮の祠《ほこら》のようなところに仕方なく押しこむ。私たちは招かれざる客のようだった。中国側総隊長や徳欽県県長の心配が、現実問題として我々に降りかかってきた。

その翌日、BCへ向けて出発しようとすると問題が発生する。雨崩の村人がポーター役を引き受けてくれないというのだ。村人たちは、

「(我々)はすでに取り返しのつかない損害を被っている、これを償ってくれるならBCへ行ってもよい」と言っている。さらに、「この先へ進もうとするなら、命の保障はしない」とまでいう。日本での長い準備期間を経てここまできたというのになんということだろうか。この村を通過する以外にBCへ至るルートはないのだ。同行していた中国側の連絡官が、徳欽へもどって県の政府と協議することになる。この日から五日間、私たちは村の廃屋で軟禁状態のまま過ごすことになった。

二日目は何も事態が変わらずに一日が過ぎる。

三日目、連絡官が郷長を連れてもどってくる。が、村人との話し合いはまとまらず、再び徳欽へ帰っていった。我々の通訳が村人から聞きだしたところによると、彼らの要求は、

「一九九一年に遭難があってから、雨崩では家畜や村民に大きな被害があった。今回日本人がやってきて登るのはかまわない。かまわないが、その後災いがあるだろう。それらの賠償として四万元を徳欽県政府は雨崩村に対して支払ってほしい。それが拒否されるのであれば、この村を通らずに山へ取り付いてほしい」というものだ。問題がこじれている原因の一つは、金銭に関係することのようだった。

四日目の夜、連絡官が公安局長と副県長を引き連れてくる。同行する四人の公安官は、ライフルや自動小銃で武装していた。

五日目、公安局長らと村人との会議が行なわれ、我々の前進がようやく許される。銃をもつ公安官二人が、BCまで同行するらしい。状況は穏やかではないが、やっとBCへ入れることとなった。

一〇月三〇日、入山は雨となった。BCとして使用する放牧地は、もやのなかに霞んでいる。

先に中山が到着しており、やがて、人見登攀隊長と中国人隊員も上がってくる。雨崩村から歩きだして、わずか二時間の距離である。この二時間のために五日間も待ったのだ。

「笑農《シャオノン》」と呼ばれる草原にはヤクの放牧のための夏村があり、丸太小屋が七～八戸たっている。雨崩村で足止めされたあとなので、喜びもひとしおだ。

「やっと着いたな！」

みなで声をかけあう。

しかしその後、一時間待っても二時間待っても荷物が来ない。何かまたアクシデントがあったのだろうか。ちらちらと外を見ながら小屋の掃除を続ける。

二時間半がたつころ、ついに先頭が現れた。大きなヤクに、一〇〇キロ近くありそうな荷物を積んでいる。綱を引く男も荷を担いでいる。雨の降るなか、傘も雨具も身につけていない。

「辛苦了《シンクーラ》（ご苦労さま）。謝謝《シエシエ》！」

私たちは大切に荷物を受けとり、連絡官が賃金を手渡す。

その後、再び誰も来ずに時間が過ぎる。一〇分ほどたつとようやく二番手がやってきた。今度はヤクと馬だ。父親が馬を引いて、中学生くらいの男の子がヤクを引いている。五～六歳の女の子も一緒に歩いてくる。長靴など履いていないので足もとは泥だらけ。家族総出で運んでくれているようだ。次はすぐ後ろも見えている。ロバもいる。女性も荷を担いでいる。やがて続々と荷物が到着しはじめ、小屋の前はあっという間に村人と家畜で埋め尽くされた。それを見ていると、やっとBCに着いたんだという実感がこみ上げてくる。日本での準備から始まって、ここにいたるまでの道のりが思い出され、目頭が熱くなる。BC着いたことは、まるで一つの到達点のように思えた。

入山時、写真を撮ることは禁止されていたので、この場面の写真は残っていない。しかし、森の切れ目から現れるヤクと村人の姿は、はっきりと目に焼きついている。二時間後、日本側と中国側の荷物合わせて三〇〇箱が、すべて到着した。

一一月二日、先発隊はルート工作を開始した。BCから灌木《かんぼく》帯を三時間たどったのち、急傾斜の氷河を岩壁との際に沿って登ってゆく。この氷のルンゼ（溝状の急な谷）は「ラッパ口」と名づけられた。中山と僕がルート工作を受けもち、人見隊長と登山に慣れていない木・袁が荷上げを行なう。僕にとっては初めての本格的な高所登山だった。経験豊かな中山に指示をもらいながら、ザイルのトップを常に進ませてもらった。

それから四日間かけて五〇メートルザイルを二〇本固定し、C1予定地の雪原へたどりつく。木と袁は荷上げばかりでつまらないと洩らしていたが、彼らによる荷上げが先発隊前進の大きな力となった。

一一月一〇日、この日初めてC1に泊まることになる。重い荷にあえぎながらC1予定地に着いたとき、中山と僕は愕然《がくぜん》とした。荷上げしたはずのテントがないのだ。梱包した箱が開けられ、中身が消えている。ピッケルも持たない村人が、雪と氷のルンゼを登ってきたのだろうか。このままではC1に泊まることはできない。中山は疲れていたので、僕がもう一度下まで下りて、テントを上げ直した。

翌日からは、C2への工作を始める。ルートは、クレバスの多い雪原から氷河源頭の雪の斜面へと続いてゆく。ここでも僕は、すべてのザイルの先頭をまかされ、大きな手応えを感じながら進む。この日は雪の斜面を半分ほど登る。

一一月一二日、今日こそは梅里雪山の頂上を見ようと、僕たちは勢いこんでいた。BCやC1からは前衛峰にさえぎられて頂上が見えないのだ。

前日のフィックス終了点まで登り、新たにザイルを延ばしてゆく。最初に出会ったセラック（大氷塊）の突破に手こずり、右往左往してようやく乗りこすと昼過ぎになってしまう。雪面を上に上がるにつれ、傾斜が急になり雪も深くなるため、なかなか前へ進まない。

「今日は疲れているから早めに帰ろう」と約束したはずの中山が檄《げき》を飛ばす。

「四時までは動くぞ！」

「もちろんです。五時に下降を開始したら、明るいうちにC1にもどれます」と僕が答える。

ルートはまっすぐに登る小尾根となり、下までストンと見下ろせる。不安定な雪に確保支点をとりながら、ザイルを一本また一本と張ってゆく。高度感があって足がすくむ。五〇メートルザイルを九本固定すると、あと一本で源頭のコルまで届くところにたどりついた。

「天気もいいし、雪も落ち着いてきたから行こうぜ」

すでに五時近いが、中山の言葉に僕は大きくうなずく。

コル直下の深い雪のなかを一歩ずつかみしめて登ってゆくと、ちょこんと雪の頂が見えた。さらに進むと、写真で見慣れた山の全景が広がりだす。心臓の鼓動が速くなる。六年前の遭難以後、この場所に来て頂上を見上げる人間は初めてなのだ。

「落ち着け、落ち着け。ようやく前線の基地にたどりついただけだぞ」

そう、自分に言い聞かせる。

そこは幅一〇メートルほどの小さなコルだった。目の前に、鋭い山容の梅里雪山がそびえている。だが僕はまず、遭難したキャンプサイトがあったはずの大雪原を目で追った。真っ白い雪のほかには何もない。何かあることはあり得なかったが、実際にないことを確認して安心する。

冷静なつもりで最後の支点を埋めこみ、無線連絡をする。

「中山さんとBCへ。今、C2のコルに着きました。梅里雪山の姿がはっきりと見えています」

いつの間にか涙が流れていた。とめどなく流れて止まらない。

すかさず人見隊長の声が飛びこんでくる。

「こちらからも望遠鏡で君の姿を見ていました。よく頑張った。おめでとう！」

まるで登頂したような言い方だった。隊長も興奮していた。

その日は下降途中で日が暮れる。C1へ到着したときには、夜空に星が輝いていた。翌日、中山と僕は荷上げのため再度C2へ上がる。そしてその足でBCへ下降したときには、再び夜となっていた。先発隊は予定以上の成果をあげて、本隊の入山を待つことになる。中山と二人だけでザイルを延ばした一〇日間は、何にも代えがたい充実感を与えてくれた。

一方、本隊は二日前の一一月一一日に徳欽へ入っていた。この日は西当村へ進む予定である。が、瀾滄江《ランツアン》（メコン川上流）の橋まで進んだところで、明永村《ミンヨン》から来た一〇〇人近い村人に前進を阻まれ、徳欽へ引き返したとの連絡が入る。雨崩村にかぎらず山麓に暮らす人々は、登山隊を山に入れたくないようだった。本隊秘書長の張俊《チヤンジユン》が調整に奔走し、翌日には前進できるようになった。

一一月一六日、本隊全員がBCへ上がってきた。報道隊員やスタッフを含めると四〇人近い人数になり、BCが急ににぎやかになる。久しぶりの再会に、夜遅くまで話が弾んだ。

その二日後、登山を開始するにあたって、シェルパ式の安全祈願を行なった。今回の登山では、二次隊が現地協力員との関係に手を焼いたのを教訓として、ネパール人シェルパ四人を荷上げのために雇用している。彼らがタルチョ（祈禱の旗）をかかげて、針葉樹の葉の香をたき、お経を唱える。ダライ・ラマから授かったという「ラマ・ライス」をみなに配ってくれた。これを身につけると落石や雪崩から体を守ってくれるという。いよいよ登山本番が始まったことを実感し、気持ちが盛りあがる。

翌日から、中山と僕はC2へと登っていった。他の隊員は高度順化のため各キャンプを往復する。

一一月二一日、C2の先に広がる大雪原を初めて横断する。深雪のラッセルを続けて約二時間、遭難したC3があったと思われるあたりを通過する。注意深く周辺を見わたすが、やはり何もない。「先に行くぞ」と小さく言い放ち、一七人の影を振りきって上を目ざす。我々はこの雪原にはテントをたてず、バットレスの途中に新たなC3をつくることにしている。

一緒に歩いている中山は、梅里雪山の一次隊に参加したあと、偵察隊を率いて新ルートを見つけ、二次隊派遣に道すじをつけた本人だ。二次隊には仕事の都合で参加できなかった。自らのことを「生き残り」と言う。この雪原を歩くとき、中山は何を思ったのか。登山隊の正式記録である『AACK時報No.13』（以下、『登山隊記録』）のなかで、中山は自分の心情を次のように記している。

〈一人離れて歩くと、つい一七人の遭難に思いがいたる。「この下に埋まっているのか」その次の言葉が続かず、ワカンの歩を進めては、「何で死んだんや、こんな寒いところで……」冷たい風が吹き渡る。みなの埋まったあたりを踏みしめてC2に戻る〉

一一月二二日、バットレスの工作を始める。明永氷河源頭の雪原から頂上稜線に向かって一気に立ちあがるバットレスは、高度差一〇〇〇メートル以上ある。その上部には雪の崩壊によってできた三段の雪壁があった。その雪壁の突破が核心部の一つと考えている。この日初めてバットレスに取り付き、尾根へ続く急雪面にザイルを七ピッチ固定した。この日まで連日晴天が続いている。

一一月二三日から雪が降りはじめた。三日連続の停滞となる。C2では一メートル近く雪が積もり、周りの雪面の高さがテントの高さと同じになる。雪が降りやんでからの二日間は、埋まったザイルの掘りおこしやルートのラッセルをしながら、雪が落ち着くのを待った。

一一月二八日、バットレスの工作を再開。中山・高井・僕の三人が、六日前のフィックス終了点に向かって急雪面を登ってゆく。ザイルに入って二ピッチ目を上がっているときのことだった。

突然「ボン」と音がして、足もとの雪が動きだしたのだ。足をすくわれて、ユマール(登高器)をつかんだ手に夢中でぶら下がる。雪崩だ! 体の横を大量の雪がザーッと流れてゆく。雪の中にもぐらないように必死でもがいた。十数秒後、雪の動きが止まったときには、体は雪の上に出ていた。高井はすぐ上に同じように見えたが、後ろの中山が心配だ。何度か呼ぶと、雪まみれの姿で出てきてホッとした。

三人ともザイルにぶら下がった状態でとまり、無事だったのだ。直径六ミリのフィックス用ザイルが切れていたら、三人とも雪に埋まって助からなかっただろう。雪崩の発生しやすい斜面をルートに選んでしまったことを悔やむ。

一一月二九日、バットレス上にフィックスを延ばしてゆき、新たなC3建設地(標高五六七〇メートル)に達する。

一一月三〇日、中山・高井がC3に入る。

一二月一日、三段ある雪壁のうち、一段目と二段目を中山が突破。吉村と僕もC3に入る。

一二月二日、バットレス上に泊まった四人は、未明からヘッドランプをつけて登りはじめた。朝一番で雪壁の三段目を乗りこして、主稜線の直下の斜面に出る。風が強く、雪は氷のように硬い。スリップしたら、一〇〇〇メートル下まで落下するだろう。ザイルを固定しながら慎重に進む。

荷を置いて休もうとしたとき、何か大きなものが落ちるのが見えた。ザックだ！　誰かが不用意に雪上に置いたため、風で飛ばされたのだ。一瞬動揺するが、必要な登攀装備は身につけていたので、気を落ち着けて再び前進する。

さらに登り続けて、もう少しで稜線に達するというところで、手持ちのザイルがなくなってしまった。傾斜は緩くなったので、ザイルがなくても進めそうだ。先頭を歩いていた僕が偵察に行く。ザイルをはずれ、耐風姿勢をとりながら這うように進んでゆく。やがて頂上手前のピークが見えだしたが、全貌はまだわからない。

一〇分くらい歩いただろうか。ついに頂上が見えはじめた。足元の標高は六二五〇メートル、頂上まであと四九〇メートルだ。ここまで登ってきた我々にとって、それはもう目と鼻の先に見えた。これならC3からアタックを打てるかもしれないと思う。

稜線の向こう側に、チベットの白い山々が見渡せた。初めて見る光景だが、大した感動はなかった。ここまでは遭難した二次隊も達している。未知の領域となるこれからが勝負だという思いを強くする。「明日また来るぞ」とつぶやき、凍てついたカメラで頂上の姿を撮った。この時点では、あと数日で登頂できることを、多くの隊員が確信していた。

夕方テントへもどると、思いがけない事態が進行しはじめる。BCの気象係が、数日後に非常な悪天のくる可能性があると伝えてきたのだ。予報によると、ベンガル湾で発達したサイクロンが、梅里雪山に接近する可能性が高いという。最悪の場合、九五年一一月にネパールで大量雪崩遭難をもたらした悪天と同程度になることも考えられるらしい。

この予報を受けて、C2の人見と各キャンプ間で無線による話し合いが行なわれた。人見は、「前回遭難したときの大雪の例もある。C1ないしC2で悪天をやり過ごすことも考えられるが、最悪の事態を想定して全員BCへ退避したい」と提案してきた。C3の四人としては、許される時間が一日あれば頂上アタックをかけたいと考えていたが、今日の行動でザックやヘッドランプを失くすという不手際があったため強く主張できず、人見の提案に従うこととする。あまりの急展開に戸惑うが、BCでの休養だと考えて下ることにした。

翌日、テントに装備を残したまま、下山を開始。C1の下部を通過するとき、「ラッパ口」に不安定な石が多く溜《た》まっていることに気づく。好天続きで岩を押さえていた雪がとけ、落石が頻発したためだ。

一二月四日、晴れる。天気予報ははずれた。

今後の方針を決めるため、日本人隊員だけの会議が開かれる。この席で、人見と中山がラッパ口の状態を非常に危険だと感じ、登山の中止を考えていることを知る。「さあこれからだ」と考えていた若い隊員にとっては、青天の霹靂《へきれき》である。

この提議を受けて、隊員間で議論紛糾する。危険を承知の上で登るべきだという意見と、許容範囲を超えているという意見に分かれる。

僕は何としても登りたかった。頂上稜線までザイルを張っておきながら、ここで断念することは、二七歳の僕には考えられない。体力とスピードさえあれば落石は避けられると思っていた。

議論は平行線をたどったまま翌日へ持ちこす。人見登攀隊長は苦しい選択を迫られていた。

「……今の岩だらけのルンゼには恐怖があり、ルートとして適切なのか、はなはだ疑問。死にたくないし、誰にも死なせたくない」（登山隊記録より）

二日目の会議は午後三時から始まった。その冒頭で、人見はこう切りだす。

「基本的には、やめようと思います。いろいろ考えた末、それしかないというか……。以上です」

静まりかえり、誰も発言する者はいなかった。

日本での事務作業に奔走した中村は、じっと足元を見つめていた。計画当初から関わった睦好は、「信じられない」と何度もつぶやいた。

人見の弱気が原因と思った僕は、新たに隊を作り直そうと考えて、本気で叫んだ。

「登攀隊長の首を替えてでも上りたい！　中山さんやってくれませんか」

みな、唖然《あぜん》とした。これだけ大きな隊で、指揮権を突然変えることが可能かどうかなど考えもしなかった。ただただ頂上に登りたかった。中山は黙って僕を見つめる。そのあと、彼は人見の考えを支持する発言をした。先発隊以来ザイルを組んできた中山に、裏切られた気がした。

「ここでケツをまくったら一生恨みますよ！」

人見と中山に対して最後まで抵抗したが、その叫びは届かなかった。二人がどれほど大きなプレッシャーと闘い、その結果どれほど疲労していたのか、当時の僕には理解できなかった。

登ろうと考える隊員はほかにも何人かいたが、大方の意見は登攀隊長の考えに従わざるを得ないというものとなる。会議の結論は、登山断念ということに決まった。

この話し合いをもとに斎藤総隊長が中国側と協議し、登山終了が正式に決定される。今回の隊の中で唯一の二次隊隊員である張俊は、登山終了が決まったとき天を仰いだ。

その夜はほとんど眠れなかった。頭のなかで悔しさが渦巻き、体が熱くなってゆく。早朝からシェルパと二人だけで登ろうと真剣に考えた。おそらくすべての隊員が眠れなかったのだろう。

夜が白みだすと、じっとしていられなくなる。冷えきった戸外へ出て、氷河末端の大岩まで歩く。岩の上にたって、いまにも崩れ落ちそうなセラック（大氷塊）を見上げた。一人の人間の思いなど無に等しいと思わせる風景を見ていると、心の高ぶりが冷えてゆくような気がした。
「バカなことを考えないで、現実を受け入れよう。この悔しさは決して忘れない」
数時間後、心の整理がついた。三年間に及んだ梅里雪山への挑戦が、このとき終わった。

*

日本へ帰国すると、登頂断念に対するさまざまな批判が待っていた。多くの人の支援を得て、多大な資金を投じて臨んだ登山だった。登山隊の幹部はその矢面に立たされる。

絶対に事故を起こせないというなかで、成功を期待された人見と中山。時間がたつにつれて、彼らの背負っていた重圧を多少は理解できるようになる。

さらに、梅里雪山の登山から、確かな手ごたえを僕はつかんでいた。それは、「本気で」取り組めば、物事は叶《かな》うという自信だった。三年間の苦しい準備期間を超えて、登山隊が出発できたこと。梅里雪山にフィックスした七〇ピッチのザイルのうち、五〇ピッチ以上を僕が張ったこと。そんな経験を通して、本気で打ちこめる対象を見つけることが大事だと思うようになった。

Ｃ２から見上げた
梅里雪山の山頂。
遭難した登山隊による撮影

黎明の刻、梅里雪山の山頂に
満月が沈んでゆく。
中央右の最高峰がカワカブ、
左端の尖峰がメツモ

上／氷に埋まった遺体を発見。
硬い氷を砕く作業は骨が折れる
下／寝袋に包まれた遺体

氷河上に現れた遺体の一部

明永氷河上の遺体発見現場。氷原に立つ人影が米粒のようだ

シャクナゲの混じる樹林帯から
見下ろす明永氷河。
降雪量の多さと急峻な地形が、
特異な風景をつくる

そしてもう一つ、「聖山」について考える機会を与えられたことが、その後につながってゆく。現地では、梅里雪山を聖山と考える村人と登山隊との対立から、いくつもの事件が起こった。

先発隊は、雨崩村で五日間足止めされた。本隊は、明永村の村人によって瀾滄江からの前進を阻止された。いずれも梅里雪山への登山に反対する村人が、政府や登山隊の一方的なやり方に不満を噴出させたものだった。山麓の人々は、登山隊の遭難後に起こった凶作や家畜の死は、聖山に登ったことが原因だと本気で考えていた。登山活動に入ってからは、装備の盗難が絶えなかった。聖山への登山をくわだてる私たちは、現地の人々から明らかに憎悪されていたのだ。

それだけではない。戦慄するような出来事が起きていたことを、後日聞く。登山隊が一カ月以上使用したBCの小屋が、私たちの下山後に大雪崩によって吹き飛ばされたという。小屋の周囲には大木が生えていた。その年輪を見ると、百年程度は雪崩がきた形跡はなかった。

一七人の遭難に続いて、再挑戦の登山隊も全滅する可能性があったのだ。その事実を知ったとき、僕は「見えない力」の存在を考えずにはいられなかった。

遺体の出現　一九九八

一九九六年の末、再挑戦の登山から帰国すると、僕は会社に復職する。そのころ社内報で登山の報告をする機会があり、文中で次のように書いた。
「もう一度、梅里雪山に挑戦するかと聞かれたら、今はNOと答える。（中略）頂上までの五〇〇〇メートルは、これからの生活のなかで、登山の枠に縛られずに登り続けてゆきたいと考えている。次の、心の底からやりたいことが生まれるまで、今ある漠然とした思いを育ててゆきたいと思います」と。

復職後は休んだ分をとりもどすため仕事に励みながら、同時に次の目標を探しはじめた。アウトドアスポーツや芸術などそれまで知らなかったものを体験するうちに、一人の写真家の著作と出会い、自分を表現する手段としての写真に心を惹かれてゆく。登山から一年半後には夜間の写真学校に通いはじめ、妙高の山小屋の一年を撮りはじめた。一方で、会社の仕事が自分のやりたいものとは違うことに気づきはじめ、心がそこから離れていった。

人生を揺さぶるような出来事が起こったのは、そんなときだった。

一九九八年の七月、遭難から七年が過ぎたときに、中国から驚くべき知らせが届いたのだ。

「梅里雪山の氷河から、登山者の遺体が発見された！」

学士山岳会の誰もが耳を疑った。

七月一八日、明永村の村人が氷河上で牛を放牧しているときに、氷上に横たわる遺体を発見したという。その報告はすぐに昆明へ伝えられ、徳欽県の公安と雲南省体育運動委員会の張俊らが現場へ急行して、登山隊のものであることを確認した。遺体の発見から五日後には、学士山岳会に連絡が入った。

二次隊の遭難は明永氷河の源頭で起きたため、五〇年後から一〇〇年後には、遺体が下流の瀾滄江《ランツァン》に流れでるだろうと言われていた。しかし、わずか七年で見つかるとは誰も予想していなかった。ヒマラヤ周辺の高峰では、行方不明者の遺体が発見されること自体まれである。

すぐには信じがたい話だったが、連絡から数日後には四人の収容隊がつくられ、現地へ派遣されることになる。僕は迷わず志願して、その一員となった。職場の上司に相談すると、「辞表を出してから行ってくれ」と言われたが、その日のうちに出発準備のため京都へ向かっていた。二年前の登山でも世話になった上司に、再び迷惑をかけることになってしまった。

七月二七日、収容隊のメンバーは三〇〇キロ以上の装備とともに関西空港へ向かう。空港では、驚いたことに、数十人の報道陣が私たちを待ちかまえていた。テレビカメラも五～六台来ている。事の重大さを改めて認識する。

その日の夜、昆明へ到着。張俊と会って、現場からもち帰った遺品を見せてもらう。段ボール箱のなかにぎっしりと詰められたものは、紛れもなく「彼ら」のものだった。名前の書かれた遺品がいくつもある。笹倉の手帳、広瀬のゴーグル、工藤の高所帽……。「一〇時三四分」で止まった時計や、「四九〇〇メートル」をさし示す高度計もある。どれも湿っていて、異様な匂いを発していた。カメラやトランシーバーなどは、強い力を受けて破壊されていた。確固たる証拠を突きつけられて、遺体発見の知らせが真実として迫ってきた。

翌日は、出発準備と打ち合わせのために費やし、夕方に記者会見をして遺品を公開する。

七月三〇日、日中合同の収容隊は昆明を出発。メンバーは日本人四人、北京組四人、昆明組五人である。翌日徳欽へ到着すると、徳欽組が二人合流する。

八月一日、遺体を発見した明永村へと向かう。村までいたる道路はなく、瀾滄江にかかる橋で車を降りて、待機していた数十頭の馬に荷物を移しかえる。山の斜面につけられた小道を一時間ほど登って小さな村へ入った。村の入り口で、人々の物珍しそうな視線を受ける。彼らは山を信仰するチベット族だという。

村の中央には、粗末な水場があった。氷河の水を引いているらしい。この村では、遺体が出現した明永氷河の水を飲んでいるのだ。

私たちは、村長の家の屋上をあてがわれた。そこは風雨の吹きこむ土間だった。私たちは歓迎されていないようである。二年前、登山隊の入山を防ぐため瀾滄江の橋を封鎖したのは、この村の人々だった。

遺体を発見した三人の村人に話を聞く。彼らは、山へ牛を放しにいった帰りに、薬草を探しながら下ろうとしていたら、氷河上に遺体や遺品を見つけたという。

この日は、発見現場へ翌日から上がる段どりを決めて寝ることにする。このとき、村の家長会議が夜遅く開かれていたことなど知るよしもない。

翌朝、予定した時間に出発できなくなったことを告げられる。水源汚染の問題で、村人と争いが起こったという。水を汚した責任をとって、補償金を払えと村側は要求しているらしい。二年前の登山のとき、雨崩村で五日間足止めされた記憶がよみがえる。徳欽県体育運動委員会の高虹《ガオホン》主任と村長が数時間話し合った結果、現場の我々は氷河へ向けて出発し、張俊と県長が村と協議することになる。ともかく出発できることに安堵する。数十人の村人に荷物を背負ってもらい、午前一〇時に村を出発。現場に向かう隊員は、日中あわせて一三人となった。

氷河から融けでる水流に沿って登ってゆくと、木々のあいだに小山のように氷塊が見えはじめる。明永氷河の末端だ。標高二六五〇メートル。緑の風景のなかに、異質なものが突然出現したことに驚く。氷河の表面は土砂や倒木で黒く覆われ、荒々しい感じがする。その氷河上に乗りうつった。土砂のなかにかすかな踏み跡があるのだが歩きにくい。氷の段差にはばまれて氷河上から岸に移ると、今度は岩が現れる。再びもどろうとすると、氷河と岸の間の大きなシュルント（隙間）を越えるのに苦労する。重い遺体をかつぎ降ろすには、相当な時間がかかるだろう。そんな悪路を五時間半かけて登ってゆくと、傾斜の緩い草地が右岸に広がって、テントが張れそうな場所があった。標高三四〇〇メートルのこの地をBCに定める。目の前の氷河にはセラックが積み重なっていて、時おり大音響とともに崩れ落ちる。

八月三日、BCを出発し、急な樹林帯を登ってゆく。再び氷河に出ると、目の前には無数のクレバスが刻まれた氷原が広がっていた。標高三六〇〇メートル、明永氷河中流部のわずかな平坦地である。そこが遺体発見現場だった。氷原の上流には高度差一〇〇〇メートル近いアイスフォールが立ちはだかっている。その上部は雲に覆われて見えないが、そこに一七人が消息を絶ったC3があるはずだった。

私たちは、目の前の光景に身ぶるいしながら、氷河に乗りうつるための準備を始める。氷河の端は氷がずたずたに崩れ、複雑なクレバスが入っていた。そこへ行くには、数十メートルの岩の斜面を下らなければならない。登山の完全装備を身につけて、懸垂下降を開始する。氷河の端に下りたつと、慎重にルートを選んで氷の崩壊地帯を通過する。そこをぬけると、広い氷原になった。

すでに現場を訪れたことのある人に案内されて、氷河を上流へと登ってゆく。クレバスを右に左によけながら前進すると、やがて氷上に赤や青の物体が見えはじめた。それはヤッケやテントの切れ端だった。さらに登ると、ザックや登山靴、手袋などの残骸が次々と見つかる。あたりを見まわすと、一人では拾いきれないほどの遺品が散乱していた。そのなかに、明らかに何かが入っている服が転がっていた。それが遺体だった。あるものは寝袋に覆われ、あるものは、全身ではなく部分だった。

いつのまにか冷たい雨が降りはじめる。ふと前方を見上げると、アイスフォールがそびえていた。一七人の遭難者は、この巨大な氷の滝を流れ落ち、山の懐から七年かけて降ろされたのだ。それはまるで、聖山が不浄なものを吐き出したかのような光景だった。

巨大な氷の滝を通過した遺体は、原型を留《とど》めていない。長いあいだ氷結と融解を繰り返したため、きれいに凍ったままでもない。それは、ふやけたミイラのようだった。その物体は、強烈な腐敗臭ではなく、手ごたえのない乾いた臭いがした。

変わり果てた姿だったが、私たちは不思議ななつかしさを感じていた。山岳部時代、毎日顔をあわせていた友である。

「よく、ここまで降りてきたな」

一つ一つの遺体を検証しながら、私たちは彼らにそう語りかけていた。

彼らの時間は、何もかも七年前で止まっていた。一人の遺体は、指で何かつかもうとするようだった。生きることへの執念を感じさせる姿だった。生を実感するために登っていた山で、死ぬことが本望であるはずはなかった。

この日、一〇人分の遺体と多くの遺骨を発見する。そのうちの一体は、ポケットから見つかった手紙によって児玉裕介であることが判明する。児玉は一つ上の先輩である。僕が山岳部をやめようと悩んでいたときに、登山の醍醐味を教えてくれた人だった。

午後は、確認した遺体と遺品を拾い集めて、氷河上の数カ所にまとめてゆく。雨が強くなり体が冷える。遺品は大きなビニール袋で二〇袋になった。陸にあげる作業は明日とし、一八時半にBCへもどる。

八月四日、前日に引き続いて、発見現場へ向かう。朝は天気がよく、アイスフォール上部の雲間から梅里雪山の山頂が顔をのぞかせた。

この日は、魂の抜け殻となった塊を安全に降ろすことに集中する。遺体の搬送のため、二〇〇メートル分のザイルを氷河上に固定する。その後六時間かけて、すべての遺体と遺品を岸に引きあげた。小さく見えた遺体だが、見た目よりもはるかに重かった。

明永村との交渉は一昨日以来ずっと続いている。氷河上で作業中の隊員も、トランシーバーで交渉に参加していた。この日ようやく話がまとまり、村人が遺体の搬送に協力してくれることになる。

八月五日の朝、大勢の村人たちが村から上がってくる。そのうちの数十人はＢＣを通り過ぎて、氷河の取付地点まで上がり、前日収容した遺体と遺品を降ろすことになる。

村人たちは遺体の袋を棒にくくりつけて、袋が体に触れないようにして運んでいった。聖山に登ろうとして死んだ者に触れることが嫌なのだ。彼らは遺体や遺品の近くに長時間いることを嫌い、早く作業を終えるため足場の悪い道を駆け下りていった。あの悪路を大丈夫なのかと心配したが、怪我《けが》をした者は一人もいなかった。四時間後、一〇人分の遺体と二〇袋の遺品は、瀾滄江の橋まですべて降ろされた。

この日、収容隊は遺体とともに徳欽へもどる。晩、チベット人協力員の林文《リンウエン》生《ション》・斯那次里《スナツリ》の未亡人を招いて食事会をもよおす。捜索に関わった人も大勢参加してにぎやかな会になった。林文生の奥さんはまだ若く、美しい人だった。初めのうちは戸惑った表情を浮かべていたが、場がなごむと時おり笑顔を見せていた。

八月六日、朝六時、徳欽発。一八時間かけて、チベット文化圏を離れた大理《ダーリー》という街まで、遺体と遺品を運ぶ。火葬場で夜中の十二時から検死を行ない、二時過ぎにホテルへ入った。

八月七日、大理で火葬と葬儀を行なう。この日までに、収容した一〇体の遺体のうち五体の身元が、衣服の特徴などから判明した。それは、近藤裕史、米谷佳晃、児玉裕介、宗志義、孫維琦の五人である。

昼ごろまでに、日本・北京・昆明・徳欽から多くの遺族がかけつける。午後には葬儀を行ない、火葬を終えた遺灰と、記名のある遺品を遺族へお返しした。徳欽の二人の未亡人が、大声をあげて泣き崩れる姿が痛ましかった。火葬場中に響きわたるような泣き声だった。

そのなかで、一つだけ救いの言葉を耳にする。

「遭難から七年たって、やっと本当のくぎりがつきました」

それは、骨壷を抱えた日本の遺族の言葉。遺体の重さを改めて感じさせるものだった。この言葉が、その後長く続く捜索活動を支えてくれることになる。

それから二日後、私たち収容隊は日本の家族団とともに帰国した。

＊

帰国後、すぐに仕事へ復帰する。だが、僕の心はもう会社のなかにはなかった。この遺体収容という仕事は、僕のなかに確かな変化を引き起こしていた。それまで曖昧だった将来の目標は、この時期を境にはっきりした意志に変わった。

「本気になれることをやって生きよう。好きなものに近づく手段として、写真を撮ってゆこう」

そう思いはじめていた。

その年の暮れ、自由業としての写真家になることを決意し、お世話になった会社をあとにした。

第二章　カワカブとの出会い

チベット人の村に暮らす

遺体出現の翌年、昆明《クンミン》から一通のファクスが届いた。

「一九九九年四月六日の正午ごろ、明永《ミンヨン》村の村民がキノコ狩りのため山へ上がり、氷河を渡った際に、一体の遺体を発見した。遺体は、丸首の白と黒のまだら模様のセーターを着ている。近くには骨片があり、下流五〇メートルには紺色のシュラフがあった。別の村民が、五月一六日に再び同じ遺体を確認した」

昨年に続いて遺体が発見されたのだ！　すぐに学士山岳会で対策会議が開かれ、収容隊の派遣が決められる。メンバーは、人見五郎と小林尚礼の二人。さらに会議では、誰かを現地に常駐させようということになり、会社勤めを辞めて時間の自由になる僕に白羽の矢がたった。今年は時季が早いので、続けて遺体が見つかる可能性がある。夏の数カ月現地に滞在して、定期的に氷河を捜索することが目的である。

僕は一週間前にヒマラヤ登山から帰国したばかりだったが、すぐに心は決まった。〝チベット世界に暮らせるまたとないチャンスだ。それに、遭難と再挑戦でさまざまな思いを感じた梅里雪山《メイリーシュエシャン》を、もう一度じっくりと見ることができる〟

そう考えた。すでに未練はないつもりの梅里雪山だったが、心には何かが引っかかっていた。

中山茂樹を始めとする先輩たちも、「行ってみろよ」と後押ししてくれる。どうせ住むなら徳欽《デーチン》の町ではなく、一番奥の明永村に住む方がおもしろいとアドバイスする人もいる。三週間後に出発するころには、すっかり村に滞在する気になっていた。

六月の末、人見とともに梅里雪山を目ざす。昨年とほぼ同じ日程で明永村を訪れ、遺体の収容活動を行なった。前回のような村人の抵抗はなく、作業は順調に進んだ。

この捜索では四人の遺体が発見され、そのうちの一人は記名により工藤俊二であることが判明する。工藤は僕と同学年で、一次隊のときから梅里雪山の登山隊に参加している。この捜索で見つかった彼は、テントシューズに入った足先だけだった。

その後、大理《ダーリー》へ移動して火葬を行なう。それが終わると、人見や雲南省体育運動委員会のスタッフは昆明へ帰っていった。

七月中旬、いよいよ一人になる。バスやタクシーを乗りついで徳欽へ引き返し、再び明永村を目ざす。飛来寺《フェイライ》の慰霊碑を過ぎると、谷の対岸に梅里雪山の山腹が見えはじめた。山頂はすっかり雲に覆われている。道のはるか下には、一本の川を見下ろすことができた。

梅里雪山の麓には、深い谷が刻まれている。谷の名は「瀾滄江《ランツアン》」、メコン川の上流である。両岸には高さ一〇〇〇メートル以上の断崖が向かいあい、赤茶けた土がむき出しとなる。蛇行を繰り返す谷底には、土と同じ赤色の濁流が流れている。

その荒々しい峡谷の底に、小さな村があった。その一つが明永村である。村の広がる台地だけが、わずかな緑に覆われていた。一〇日ほど前に人見らと見た風景と、いま一人だけで見る風景は違うもののように思えた。

二週間前、昆明で、明永村に滞在することを張俊《チャンジュン》に相談した。彼は、これまでの梅里雪山登山と遺体収容のほぼすべてに参加して、七～八回は現地を訪れている。そんな彼だが、僕の話を聞くと、信じられないという顔をした。一人で村に滞在するのは危ないというのだ。野蛮なチベット族に殺されるかもしれないと、漢族の彼は言う。たしかに昨年、氷河の汚染の補償をめぐって、明永の村人と争いが起きた。チベットの人々は、私たちが梅里雪山と呼んで登山の対象にした山を、「カワカブ」

と呼んで聖山として信仰している。第三次登山のときも、彼らは橋を封鎖して登山に反対した。だが、僕はその人々のことを知りたかった。彼らと生活をともにすることで、友が逝った梅里雪山の本当の姿を知りたい。そう張俊に伝えると、徳欽県との仲介の労だけはとると約束してくれた。

その後、人見とともに明永村を訪ね、滞在の希望を村長に直接伝える。通訳が僕の言葉を訳しおわると、村長はこちらをチラッと見ながら、「いいだろう」と一言いった。荷上げの段取りで忙しかったため、そのときはそれ以上の細かい話はできなかった。

いま、皆と別れて再び明永村へ向かっている。谷底の急流を見つめていると、次第に不安が増してゆく。通訳を交えた会話で、村長にこちらの意図は正確に伝わったのだろうか。皆がいるときは「いいだろう」と言っても、僕が一人で行くと態度が変わることはないだろうか。

やがて、車は瀾滄江にかかる橋を渡る。昨年はここから歩いたのだが、今年は驚いたことに車道が村まで続いていた。谷の側壁をダイナマイトで削っただけの恐ろし気な道だが、車に乗ったまま村へ入ることができる。しばらく進むと、車窓に緑の村が広がりはじめた。

*

村の入り口で車を降り、家の建つ方へと歩いてゆく。ちょうど食事どきなのか、あたりには誰もいない。「ニイハオ！」とあいさつをして村長の家の門をくぐる。「ワッ、ワンッ、ワン！」と番犬が猛然とほえはじめるが誰も出てこない。やはり僕は招かれざる客なのだろうか。心細くなる。そのとき、玄関の柱にこう書かれているのを見つけた。

「小林你好《ニイハオ》」

それを見てどんなにホッとしたことか。大きく胸をなでおろした。やがて、日に焼けてたくましい体つきの村長が出てきた。

初めて居間へ通される。なかはうす暗く、かすかに煙がただよっていた。あまり清潔とはいえない室内だが、黒光りした柱に確かな生活のいとなみを感じる。背の低いテーブルをはさんで、木の椅子《いす》に座る。

村長の名はチャシ、三七歳。まだ若いが、すでに一〇年以上その職にあるという。握手をして、もう一度「ニイハオ、シェーシェー」とあいさつする。が、それ以上話は続かなかった。チャシ村長は笑みを浮かべて何か言っているのだが、僕にはまったく聞きとれない。じつは、言葉の準備はほとんど何もしていなかったのだ。メモ帳に漢字を書いて、自己紹介をしてみる。すると何とか通じた。そこで、筆談に身ぶり手ぶりを交えて、ぎこちない会話を始めた。

「よく我々の村に一人で来た。君を歓迎する。あの遺体の処理には困っているんだ」

さらに村長は次のように続けた。

「去年の遺体捜索のとき、最後までキャンプ地のゴミ拾いをしていただろ。だからお前を信用する。捜索するあいだは村にいてもいい。私が安全を保証する」

思ってもみない発言だった。言葉が通じなくても、伝わるものがあるのかも知れない。

一通りのあいさつがすむと、広々とした客間に案内してくれる。手作りのベッドが置いてある。村にいるあいだは、ここで寝泊まりすればいいと言う。去年、屋上に泊まったときとはずいぶん違う。嬉しいもてなしだった。

こうして、滞在の希望は叶《かな》えられることになる。だが、チベット人の家で暮らした経験などこれまで一度もない。梅里雪山の麓で、不安と期待の入り混じった生活が始まった。

――バター茶とツァンパの生活――

村の朝は、梅里雪山へのお祈りで始まる。空が明るくなると一家の主が屋上へ上がり、焼香をしながら、「アッラソロー」と山へ叫ぶのだ。続けて一〇以上ある神山の名を呼んでゆき、世界の平和と長寿を願う。そのお祈りは、毎朝一〇分近く続いた。

梅里雪山が、日常生活のなかで信仰されていることを初めて知る。毎朝のお祈りを聞くことは、僕のなかで山の見え方が変わるきっかけとなっていった。

夜が明けるのは、七月でも六時過ぎと遅い。中国内はすべて北京時間に統一されているため、ここでは自然に感じる時間と一時間半ほどの差があった。

チャシ村長の家には、六人の家族が暮らしている。

ガマツリ　（アニー）　六一歳（父）

ドゥマラモ（アジャー）六〇歳（母）
チャシ　三七歳
ヨンゾン　三三歳（妻）
ペマツォモ　一二歳（娘）
ディディー　一一歳（息子）

このほかに犬と猫、そして馬・牛・豚・鶏などが一緒に住んでいる。

朝食が終わると、みなそれぞれの仕事に向かう。アニーとアジャーは家で働く。「アニー」とはチベット語でお爺さん、「アジャー」とはお婆さんのことだ。老人に対する尊敬と親しみのこもった言葉である。

アジャーの仕事の一つに水くみがある。村の中央の水場で大きな桶《おけ》に水をくみ、台所の瓶《かめ》まで何往復もする。

この水場は、明永氷河から融けでた水を直接引いたものだ。量が豊富で夏でも冷たい氷河の水は、村の自慢である。素っ裸になった子供たちが、水の冷たさに歓声を上げながら水浴びをしている。この水を登山隊の遺品や遺体が汚していると思うと心が痛んだ。

村には風呂もトイレもない。湿度の低いここでは、どちらも不要なのだ。だが、家のかげで体を拭《ふ》く女性を見かけたり、畑の隅でしゃがむ女の子に出会ったりすると、こちらが慌ててしまう。

村の標高は二三〇〇メートル。チベット人が暮らす場所としては比較的低い。緯度も奄美大島と同じ程度なので、気候は意外に温暖だ。しかし、昼と夜の気温差は大きく、空気は乾燥している。

一日の食事は四回ある。昼食が二回あるような感覚だ。

チベットの食事でいちばんの特徴は、「ギャー」と呼ばれるバター茶を飲むことだろう。バター茶とは、煮出したお茶にバターをたっぷり溶かして、塩と牛乳で味つけしたスープのようなもの。木製の細長い筒(ソラ)のなかで、お茶とバターを何度もかき混ぜてつくる。チベットの旅行記を読んでいると、このバター茶だけは口にあわないという記述をよく見るが、僕はそれほど苦手ではなかった。それよりも、家族のみんながおいしそうに何杯も飲むので、つられるようにして飲んでしまう。初めの一カ月くらいは胃にもたれるが、そのうちバター茶なしでは物足りなくなる。

高地性の大麦を炒《い》って粉にした「ツァンパ」も、チベットの伝統的な食べ物だ。バター茶で練って食べるのが一般的だが、粉のまま口に入れることも多い。有機肥料で育てられ石臼で挽《ひ》かれたツァンパは、香ばしい香りとコクがあってなかなかうまい。温暖なこの辺りではトウモロコシのツァンパも食べる。こちらはほのかな甘さがある。

そのほかに、小麦を薄く焼いた「クワ」と呼ばれるパンや、豚の脂身の塩漬け「パシャ」も昔からある食べ物のようだ。僕は、できるだけ家族と同じものを食べることを心がけた。が、このパシャだけは苦手で、誰かに勧められたときは、涙を浮かべながら飲みこんでいた。新しい食べ物として、街で買ってきた米や中華風の炒め物を食べる機会も多い。

村人は体を動かす仕事をしているので、食べる量が多い。僕にも同じくらい食べろと勧めるので、それをうまく断れるようになるまで苦労した。

夕暮れどき、一日の仕事が終わってみなが家にもどると、お酒の時間が始まる。大人たちが食卓を囲んで、自家製の蒸留酒を飲みだすのだ。「アラ」と呼ばれる大麦の焼酎は、度数が二〇度程度で、ほのかな甘みと麦の香りがする。手作りなので一軒ごとに味が違うのがいい。

この辺りの人々はお酒が大好きだが、毎日の晩酌で深酒はしない。その日にあった出来事を話し、冗談を言いながら一日の疲れをいやす。時には子どもたちも話に参加する。家族が集まって落ち着いて話のできるこの時間が、僕は好きになった。

＊

村に住みはじめたころ、言葉のわからない僕は、外で出会う村人と意思疎通することができなかった。村には三〇〇人のチベット人が暮らしている。彼らの母語はチベット語だが、明永には幸いにも漢語（中国語）を話せる人が多い。そこで筆談をしながら漢語を学んだ。最初は子どもたちが会話の先生だった。

村に着いたその日に声をかけてくれたのは、チャシ村長の息子ディディーと従兄弟のワンチャ。二人とも一一歳、小学四年生だ。村には四年まで学べる小学校があり、そこで漢語を教わるという。最近の明永村では、ほとんどの子どもが小学校へ通っているようだ。

僕の部屋に最初に入ってきたのは、スナツリという六歳の男の子。誰も見ていないすきに、隠れるようにやってきた。一年生を終えたばかりのスナツリは、鼻水をたらしながら、「これは何？　あれは何？」と見慣れないものを指しては聞いてくる。気が弱そうだがかわいらしくて、すぐに友達になった。

毎朝、畑へ用を足しにゆくとき、遠くから話しかけてくる姉妹がいる。

「どこへ行くの？　ウンチでしょう！」

そう言いながらコロコロと笑っている。チャシ村長の弟の娘、ツリジマ（八歳）とツリチートイ（七歳）だ。

二人は恥ずかしがり屋で、僕が近づくとすぐに逃げてしまう。それでも大きなカメラには興味一杯で、村のなかで写真を撮っていると、いつの間にか「のぞかせて」と言いながら近づいてくるようになった。

もう一人、気になる女の子がいた。「マム」と呼ばれるその娘は見た目は六〜七歳、ワンチャの妹らしい。一人で遊ぶことが多く、いたずら好きでいつも大人から叱《しか》られている。あるときなど、水たまりでのたうち回りながら泣く姿を見かけた。そうかと思うと甘えん坊で、一度会うと忘れられない少女だった。

マムが病気だと聞いたのは、しばらくたってからのことである。小さいころに大病を患って、それ以来成長が止まってしまったという。小さな彼女を見ると信じられないが、本来はワンチャの姉で一二歳になるらしい。二人の母はチャシ村長の妹で、父は青海省から来た在家の僧侶である。何か事情のある家庭のようだった。

半月ほどたったある日、嬉しい出来事がある。そのころ、村人同士の会話のなかで、自分が「外国人」と呼ばれていることに気づいていた。

ある家に遊びにいったときのこと。顔見知りの子どもたちが出迎えてくれたが、そのなかに一人知らない男の子がいた。五歳のビンホーは僕に気づくと驚いた様子で、「外国人だ！」と叫んだ。そのとき周りの子どもたちが、こう言ってくれたのだ。

「外国人じゃないよ。小林《シヤオリン》さんだよ！」

ハッとするほど嬉しい言葉だった。

そのころから、名前で呼ばれることがすこしずつ増えていったように思う。

＊

明永村は中国の雲南省に属するが、もともとはチベットという国の一部だった。だからチベット人が住んでいる。そんな彼らにとって、漢語は外国語だ。年配の人、特にお婆さんや、学校にゆく前の子どもは漢語を話さない。そこで、最低限のチベット語を覚えることにした。

最初に覚えた言葉は、「ジャナパシ（ありがとう）」「アラトン（酒を飲む）」「カンルチェ？（どこ行くの？）」など。「カンルチェ？」は、「こんにちは」に相当するあいさつなのでよく使う。

梅里雪山の主峰の名の「カワカブ」は、「白い雪」を意味する。カワカブは普通名詞だが、日本の「白山」などと同じで固有名詞としても使われている。

漢語で「明永《ミンヨン》」と呼ばれる村の名は、チベット語では「ムロン」または「メロン」という。銅でつくられた丸い鏡を意味する。貴重な鏡は大切な場所に置かれたが、明永村も、梅里雪山にとってそのような場所にあるという。

一口にチベット語というが、明永村で話されている言葉はチベット語の数ある方言の一つである。ラサから来たチベット人と明永村の村人は、方言の差が大きすぎてチベット語では会話ができず、漢語で話をしている。少数民族の多い中国では、漢語は共通語として有用な言葉だった。

信頼感

明永村から氷河沿いに二時間ほど登った山中に、一軒の寺がたっている。太子《タイツ》廟《びょう》（ネノグメ）と呼ばれる小さな寺には、チュチャという名の年老いた管理人が住んでいる。

七二歳の彼は明永村の生まれだが、一九五九年にダライ・ラマとともにインドへ亡命し、そこで結婚して暮らすようになったという。その後奥さんと死別して、一三年前にいちばん下の娘だけつれて故郷に帰ってきた。

どれほど壮絶な人生を生きてきたのだろうか。が、今のアニー・チュチャは、「そんな昔のことは忘れたよ」とでも言うように、穏やかな笑みを口元に浮かべているだけだ。

太子廟からは、明永氷河を間近に望むことができる。晴れていれば梅里雪山の山頂も見えるので、撮影のために僕は何度も寺を訪ねた。しかし、夏は曇りの日が多く、思い通りの風景になかなか出会えない。

そんなときはアニー・チュチャの小屋に行って、囲炉裏のわきに座らせてもらう。僕があいさつすると、アニーは、

「ギャートン（茶を飲め）」

と言って、お椀《わん》にバター茶をついでくれる。

「ジャナパシ（ありがとう）」

と答えて、温かいお茶をいただく。

僕たちの会話はそれだけだった。それでも、アニーと向きあって囲炉裏の火を見つめていると、なぜか心が落ち着く。

「そんなに慌てることはない。お前はお前のままでいい」

アニー・チュチャの静かなまなざしが、そう語りかけているような気がした。

一八〇〇年代に建立された太子廟は、一九六六年から始まった文化大革命によって破壊され、今の建物はその後再建されたものらしい。その再建に尽力したのが、青海省からやってきた僧侶ペマテンチュだ。マムとワンチャの父親である。

青海省の南部で生まれた彼は、故郷の寺で僧侶として生きることに飽き足らず、修行の旅にでた。明永村の近くまで来たとき、一人の活仏《ラマ》に太子廟の再建を託され、

その仕事をやり遂げる。その後、チャシの妹ユイミーと結婚し、明永村に家を構えることになる。活仏《ラマ》が亡くなると、在家のままその称号を受けついだ。

だが、宗派の違う土地では僧侶として生計を立てることができず、いつしか街で車を手に入れてタクシー業を始めるようになった。広いチベットでも、活仏《ラマ》を名乗りながらタクシーの運転手をする人間は珍しいだろう。

四七歳になった今は、村人からアニー・ラマと呼ばれて慕われている。僕も何度か彼の車を利用することがあり、親しくつき合うようになった。話してみると、僧侶とは思えないほどくだけた男なのだ。一方で、人生を達観するような雰囲気を持っている。僧侶としての知識や力も相当なものだと、チャシ村長は言う。

娘のマムは、車で里帰りをしたとき病気にかかったらしい。それ以来、成長が止まったそうだ。

アニー・ラマとの出会いは、それまで遠い世界だったチベット仏教に、親しみを感じるきっかけとなった。

＊

梅里雪山の夏は天気が悪い。本降りの雨が続くことは少ないが、しとしとと降ってはどんよりと雲っている。七月から八月にかけては、二日に一度以上雨が降った。

この時季は雨の恵みを受けて、トウモロコシがぐんぐんと成長し、畑に点在する胡桃《くるみ》の木の葉が青々と茂る。氷河沿いの草原には色鮮やかな高山植物が咲き、山には松茸《まつたけ》が生える。ときどきチャシ村長の採ってきた松茸が、食卓に上ることがあった。

チャシ家での生活が長くなるにつれて、僕は一つの不安を抱くようになった。〝自分がいることで、家族は気の休まる時間がないのではないか〟それに、宿泊費についての取り決めを何も交わしていない。僕はどう思われているのだろうか。

ちょうどひと月がたつ晩、片言の漢語で、思いきってそのことを尋ねてみた。

「この先も、この家にいていいのでしょうか？」

「実は……」と切り出されたときには残念だが町の民宿に移ろう、そう覚悟を決めていた。が、チャシ村長とアニーは僕の心を見透かしたように笑っている。

「なに言ってるんだ。なんの問題もない。好きなだけここにいればいい」

その言葉は、涙が出るほど嬉しかった。

チャシは、金の話をいっさい切りださなかった。見かえりを求めて僕をおくわけではないのだ。遺体捜索を続けていることを、正当に評価してくれる。日本という裕福な国から来た外国人に対して、村人の誰もがこれほど寛容なわけではない。

僕のなかに、チャシに対する信頼感が生まれはじめた。

八月　遺体捜索の一日

明永《ミンヨン》村に住む理由となった遺体の捜索は、一〜二週間に一度の間隔で行なっていた。

八月初めのある日、四回目の捜索にでかける。チャシ村長と彼の兄弟の三男・馬《マー》経武《チンウ》とともに明永氷河を登る。高地性の牛「ゾッ」の踏み跡をたどりながら、氷河の乗り降りを繰り返してゆく。

半月前、初めてチャシと二人で上がったときは、彼の歩く速さについてゆくだけで精一杯だった。その後、何度か行動をともにするうちに余裕もうまれ、周囲の景観を楽しめるようになる。氷河の地形は、空へ向かって広がるような解放感がある。時おり吹いてくる冷気が心地よい。

途中、高山植物の咲く草原で、たき火を起こし昼食にする。クワ（平焼きパン）と缶詰と熱いお茶だけなのだが、爽快な自然のなかで食べる食事はおいしい。放し飼いにされたゾッが、塩を求めて集まってくる。この草原は、昨年の収容作業でベースキャンプとした場所だ。チャシと二人で登るようになってからは、荷を軽くして日帰りすることにしていた。

草原から先は樹林帯の急な登りになり、やがて捜索現場の氷河を見渡せる岩場に着く。村から標高三六〇〇メートルのこの地まで約五時間、登るだけでもひと仕事だ。

氷河を観察し、乗りうつるルートを三人で確認すると、普段着のチャシがピッケル一本を持って先導する。氷河の端には複雑なクレバスが入るため、その通過は捜索活動中で最も緊張するところだ。一歩間違えれば氷の崩壊に巻きこまれる可能性がある。チャシは氷の上を歩くのがうまく、的確に道を切り開いてくれる。一緒にいると安心感があった。

危険地帯をぬけると平坦な氷河になり、氷上を歩きまわってクレバスを一つ一つのぞきながら遺体を捜してゆく。

この日、氷河上には多くの遺品が露出していた。ザックの一部やヘルメットのかけらなどが次々と見つかる。なかには柄の折れたピッケルもある。アイスフォールを下りる際に、相当な力を受けたのだ。

クレバスの底に遺体らしきものを見つけたので、僕はそのなかへ下りていった。半分寝袋に入っているが、たしかに遺体である。一部はまだ氷のなかに埋まっていた。身元を調べるため、寝袋と衣服を脱がせて下着の細部まで検証する。遺体の損傷が激しい。寒さと気味の悪さでたまらなくなってくる。我慢できずに「ワーッ」と叫ぶと、上から見ているチャシが、

「小林《シャオリン》、何してるんだ、しっかりしろ!」と、声をかけてくれた。

突然、氷瀑の一部が崩れ、その地響きに肝を冷やす。逃げだしたい衝動に駆られるが、この仕事をやり遂げなければならない理由があった。遺体がどれほど大切なものか、遺族の言葉から実感していた。それに、この氷河の水を村の子どもたちが毎日飲んでいるのだ。

時間が足りず、この時点では遺体の身元は判明しなかった。さらに捜索を続け、二人の遺体を発見する。回収した遺品は、袋五つ分になった。

捜索が終わると、持てるだけの遺品を背負って岸まで運ぶ。バランスをとりながら氷のリッジを通過し、クレバス帯を慎重にこえる。この日見つかった三つの遺体は、どれも身元がわからなかった。肩に食いこむ荷の重さが空しい。発見物は後日降ろすため、氷河の岸に残置する。

夕闇が迫るころ、氷河沿いに下りはじめる。一日中動いて疲れてはいるが、この仕事を終えても充実感を感じることはなかった。生産的な仕事ではないのだ。

足場の悪い道を早足で下りながら、チャシに一つの問いを投げかけてみる。

〝梅里雪山への登山についてどう思うか？〟

その答えは薄々わかっていたが、これまでは恐くて尋ねることができなかった。

「カワカブに登ることは、誰であろうと許さない！」

彼は足を止めて、僕を睨《にら》みつけた。

「聖山とは、親のような存在だ。親の頭を踏みつけられたら、日本人だって怒るだろう。俺たちチベット人が、なぜ命を賭けてカワカブを巡礼するかわかるか！」

一瞬、僕はたじろぐ。己の存在を賭けたようなチャシの言葉に圧倒された。

この土地の人を知れば知るほど、人と山との深いつながりを知り、私たちがやってきた登山とは何だったのかと思う。

〝聖山とは親のような存在〟

カワカブがそれほど身近な存在だということを、このとき初めて知った。

うす暗くなるころ、村の明かりが見えはじめる。事故がなかったことに安堵し、チャシと馬経武に感謝の言葉をかけた。

四日後、再び氷河へ上がり、残してきた遺体と遺品を降ろすことにする。チャシと僕が先発して、あとから一五人の村人に追いかけてもらう。

現場につくと、四日前に判明しなかった三体の身元確認を急いで始める。村人が到着したら、慌しくなっておちついて遺体を見ることなどできないのだ。彼らがつく直前に、ようやく一体の身元が判明する。身につけていたセーターの裏に、「ムネモリ」の記名があった。山岳部で一一年先輩の宗森行生である。

付近を捜索していたチャシが、新たな遺体を発見した。それは大部分が氷に埋まっているため、今日中の収容は難しそうだ。

やがて村人たちが三々五々到着し、にぎやかになる。彼らは、僕たちの作業を見ても騒ぐだけで手を貸してくれない。あっちだこっちだと言うだけで、僕一人を遺品の回収に走らせる。聖山に登ろうとした登山隊の残骸に、触れることが嫌なのだろう。だが意外なことに、彼らのうちの数人が、頑張って新たな遺体を掘り出してくれた。手伝ってくれたのは、チャシの兄弟や親戚たちだった。

降ろすべき荷は、遺体四つと、三〇キロ程度にまとめられた遺品二袋となる。それまで手を動かさなかった村人も、自分の運ぶ荷が決まると、持ってきた棒に荷をくくりつけてあっという間に運んでいった。

この遺体運搬の仕事は、村人の協力がなければ成りたたない。歩くだけでも困難な氷河沿いの悪路を、重い荷を担いで下りる作業は並大抵のことではないのだ。好意的ではないにしても、彼らが毎回荷を運んでくれることに感謝した。

夕方、すべての荷とともに全員が無事村へ到着する。それを見て、僕は安堵のため息をついた。もし事故が起こったら補償問題で大変なことになるだろう。日本人一人で遺体の搬送を行なう試みも、初めてのことだった。チャシもひと安心のようだ。

村人に飲み物を振るまって労をねぎらう。みんなが笑顔で乾杯してくれる。彼らとの距離がわずかに近づく瞬間だった。

九月　捜索の厳しさ

八月後半の明永村では、梨や林檎《りんご》、桃に李《すもも》などの果物が食べきれないほどたくさん実る。どれも素朴な味でおいしいが、甘い李はとくに人気がある。

同じころ胡桃《くるみ》の収穫も始まる。一〇メートル近くある木に男が登り、竹竿で実をたたき落とす。下では妻や子どもたちが待ち構えて実を拾うのだが、固い実が頭に当たるとかなり痛い。歓声を上げながら、落ちてきた胡桃をかごに入れている。収穫した胡桃はそのままおやつとしても食べるが、ほとんどは煮出して食用の油にする。

九月に入ると、ひんやりとした風の気配に夏の終わりを感じるようになる。蕎麦《そば》の刈りいれが始まるころだ。蕎麦には、苦《にが》蕎麦と甜《あま》蕎麦がある。苦蕎麦とは日本でいう韃靼《だったん》蕎麦だ。実は粉にして、薄焼きのパンにしたり、豚の腸詰めに入れたりする。

村に滞在を始めたころは、一～二週間に一度やってくる氷河の捜索へ張りきってでかけていた。だが、回を重ねるごとにこの任務の厳しさを感じるようになる。悪天のため捜索日が延期になると、僕はひそかにホッとしていた。

九月の初旬、七回目の捜索日が近づくころ、チャシがこんな提案をした。

「今度の捜索は、いつもの場所に行くんじゃなくて、上から氷河を見下ろしてみないか」

「そんな場所があるのかい？　ぜひ行こう！」

そこは、チャシが狩猟をしながら山を歩きまわっていたときに、偶然見つけた場所だという。

翌朝八時に村を出発する。このころにはアニーの朝のお祈りが、僕の目覚まし代わりになっていた。

太子廟の上にある蓮花寺《リヤンファ》まで道を行くが、その先はかすかな踏み跡をたどり、やがて踏み跡もない山の斜面を登りはじめる。木の枝をつかみながら急な尾根を登ってゆくと、五時間かかってようやく目的地に着いた。

そこは樹林が途切れて、自然の展望台になっていた。眼下に明永氷河を一望できるうえ、正面にはカワカブが見える。遺品を確認するには遠すぎるが、捜索現場の全景を撮るには絶好の撮影ポイントだった。到着直後はカワカブに雲がかかっていたため、しばらく待つことにする。

明永氷河は、特異な景観を見せていた。この辺りの樹林限界は標高四〇〇〇メートル以上だが、氷河は樹林限界よりも低いところを流れ、その末端は標高二〇〇〇メートル台の森のなかへ達している。森の隣に氷河が流れているのだ。世界の山岳氷河のなかでも、これほど見事な景観は珍しい。

四時には下りはじめようと約束するが、山頂の雲がなかなか消えない。約束の時間になるころようやく雲の動く気配があったので、「あと一〇分だけ！」とチャシに頼む。五分後、山頂にかかっていた雲がついに動く。予想より大きな山頂が、アイスフォールの上に見えはじめた。僕は夢中でシャッターを切った。

再び雲がかかったとき、ふと時計を見るともう五時になろうとしていた。チャシが呆《あき》れた顔でこちらを見ている。僕たちは大急ぎで下りはじめた。

遅くなって悪いと思いつつも、何も言わずに見守ってくれたチャシに感謝する。その晩は、太子廟のアニー・チュチャの小屋に泊まることにした。

九月の末、八回目の捜索を行なう。その日は珍しく朝から晴れて、青空のなかにカワカブが輝いていた。紅葉に染まりはじめた山肌を見上げながら、氷河沿いを登ってゆく。

現場に着いて辺りを見渡すと、氷河の表面の高さが低くなっていることに気づいた。夏のあいだに、氷河の氷がどんどん融けているためだ。それによって遺品が次々と露出する。捜索とともに行なった測量の結果、一カ月で二メートルの厚さの氷が融けていることが判明した。

氷河上に大きな遺品は少なくなり、布切れやプラスチックの破片などが散らばるだけとなる。その回収作業はまるでゴミ拾いをしているようだ。

今回手伝ってくれたのは、チャシと彼の兄弟の四男・小馬《シャオマ》。チャシは連日の胡桃の収穫のため疲れている様子だが、行動中はそんな素振《そぶ》りを見せずテキパキと動いてくれる。頼りになる男だった。

やがて、氷に埋まった寝袋が見つかる。ピッケルで掘ると、相当深く埋まっていることがわかる。寝袋のなかから骨の入った靴下が現れる。その先に遺体があるようだ。今日だけでは時間が足りないので、明日再び掘りに来ざるを得ない。この日は今年最後の捜索と思っていただけに、疲れが増す思いがした。

翌日はチャシに休憩してもらい、僕と小馬と一一人の村人で現場へ上がる。ピッケルの代わりに薪《まき》割り用の斧《おの》を持ってゆき、氷に埋まった寝袋を掘りだす。富士山の山頂と同じ高度で、重い斧を振ると息切れするが、小馬は氷をたたき割るようにして力強く掘り続けてくれる。

二時間後、寝袋の全体が掘りだされた。なかには骨のかけらがわずかに入っているだけだった。寝袋に書かれた名前から、すでに発見されている隊員の残りのものだとわかる。未確認の隊員を発見したいという期待は裏切られた。が、この日までに氷河上に露出したものはすべて回収したといえる。ささやかな満足感を、僕は感じていた。

一〇月　月夜のカワカブ

一〇月に入ると、トウモロコシが色づきはじめる。雨季の終わりが近づく一〇月の初め、明永村の村人とともに梅里雪山を一周する巡礼の旅へでかけた。

梅里雪山は、平均標高四〇〇〇メートルのチベット高原が、中国の平原に向かって高度を下げる地帯に位置する。その一帯は、南北に流れる三本の大河と、それに平行する峻険な峰々によって横（東西）の交通が分断されるため、「横断山脈」と呼ばれている。

三本の大河とは、金沙江《ジンシャ》（長江の上流）、瀾滄江《ランツアン》（メコン川の上流）、怒江《ヌ》（サルウィン川の上流）である。

梅里雪山巡礼の道は、瀾滄江の本流から標高五〇〇〇メートル近い分水嶺をこえて怒江へいたり、再び分水嶺をこえて瀾滄江へもどる長大な山道だ。サボテンの生える暑い谷底から、松茸の香る森林帯を経て、高山植物の咲く寒冷な峠まで登ると、同じ土地とは思えないほどの多様性に目を見張る。

二〇日間におよぶ巡礼の旅は、この土地をより広い視野で見る機会を与えてくれた。山の周囲に暮らす多くの人々や、遠い土地からやってくる巡礼者の存在を知り、梅里雪山が巨大な信仰の山であることを実感した。

この旅を終えたとき、梅里雪山について知らないことがあまりに多いことに気づき、山から突き放されたような感覚を覚えた。そしてその思いとは逆に、この山を真剣に撮影しようと決心する。この土地のすべての季節を訪ねることを考えはじめていた。

巡礼の旅からもどると、氷河上にまだ積雪がないため、もう一度捜索へ上がることにする。山はすでに晩秋のよそおいだ。

この捜索においても、新たな遺体を発見した。これが今年最後の氷河行きになる。二年目となるこの年は計一〇回の捜索活動を行ない、七人の遺体を確認した。それは、佐々木哲男、工藤俊二、宗森行生、王建華、林文生、井上治郎、李之雲の七人である。昨年と合わせると、一二人の隊員を確認したことになる。

これらの活動とともに一つの成果があった。これまで実測されたことのない明永氷河の流れの速さが、明らかになったのだ。捜索時に行なった測量によって、明永氷河の夏の水平流速は一カ月に三二メートルと測定された。また、遺体の移動距離をもとに計算すると、氷河の流速は一年に二〇〇メートルから五〇〇メートルと算出された。

氷河の研究者によると、ヒマラヤの山岳氷河の流速は、速いものでも年間数十メートル程度だという。明永氷河の流速は、その値よりも一〇倍近く大きいことが示されたのだ。この速さは、梅里雪山の降雪量が非常に多いこととともに、山の地形が急峻なことを物語っている。地理雑誌や新聞などでは、明永氷河が「山岳氷河のなかでは、世界で最も速いものの一つだろう」と紹介された。

遭難した一七人のなかには、雪氷や気象学の専門家が含まれていた。彼らが、まさに身をもって、このような氷河の存在を教えることになった。

一〇月の下旬、ついに雨季が明ける。それまで見たこともないような澄んだ青空が広がり、一日中梅里雪山を望めるようになる。夏のあいだの降雪によって、山頂部の雪は増えたようだ。

周囲の斜面を見上げると、紅葉が山から下りてくる様子がわかる。畑ではトウモロコシの刈りとりもすっかり終わり、胡桃の葉が黄色く染まりはじめていた。巡礼からもどって帰国するまでのあいだ、夜のカワカブを撮影する機会をうかがう。これまでにも何度か試みていたが、夏のあいだは天気が悪く一度も成功していない。

その晩は、満月にほど近い月明かりを浴びて、夜空に雪山がはっきりと見えていた。山がいちばんよく見える家へ泊まりにゆき、屋上に三脚を立てる。カメラのシャッターを開放にして、その隣に寝袋をしき、横になった。

二時間後、あわせておいた目覚ましが鳴る。おそるおそる目を開ける。

〝天気はどうだろうか？〟

〝やった！　まだ晴れている！〟

夜空に梅里雪山が白く浮かび上がっている。山そのものが光を放つような不思議な風景だ。

一旦シャッターを閉じて、すぐに次のコマの露光を始める。

一晩中この作業を繰り返した。全部で五回のシャッターをきる。星空を眺めながら眠りにつく瞬間は、至福のときだった。

朝六時半に明るくなりはじめる。すこし寒いが今日も快晴だ。カメラはまだしまわない。

七時半、梅里雪山の頂上に一点の光が射す。地上に朝日が降りたつ瞬間である。薄い桃色の光は、輝きを増しながら山肌を覆ってゆく。山頂全体を照らすころには、燃えるようなピンク色になり、徐々にオレンジ色へと変わってゆく。光が山裾まで達すると、鈍い黄金色となり、やがて淡い色に落ち着く。

その間、わずか十数分だろうか。僕は息を呑《の》んでその光景を見つめていた。四カ月の滞在で初めて出会う神秘の時間の「カワカブ」だった。

＊

一〇月末、村を離れることになる。その日、部屋で荷作りをしていると、チャシが何か持って入ってきた。

「小林《シャオリン》、これは俺の気持ちだ。日本で飲んでくれ」

そう言いながら渡してくれたのは、水筒に入った酒《アラ》。側面にはこう書いてある。

「日本の友人に贈る　別れの記念　明永村長・扎史《ツァシ》（チャシ）」

嬉しい贈り物だった。

アニーとアジャーは、胡桃とツァンパを一袋ずつ贈ってくれる。その量の多さに躊躇するが、彼らの厚意をありがたく受けとった。

チャシが言う。

「もし近いうちに来られなくても、互いの髪が白くなったら必ず会おう」

「ありがとう。きっとまた来るよ」

固い握手をする。

彼との出会いに、僕は手ごたえを感じていた。異なる国に暮らす人間を、これほど信頼するのは初めてだ。

チャシや村の人々と出会ったことで、山の見え方が変わった。それまで登山の対象でしかなかった「梅里雪山」が、「カワカブ」という聖山に変わったのだ。

僕はアニーに尋ねた。

「アニーのいちばん好きな季節はいつ？」

「それは何といっても正月祭りのときだな。山ほどのご馳走をつくって、一日中踊り続けるのだよ」

その答えを聞いたとき、次の訪問時期は決まった。

夕方、友達になった村人たちが別れを言いにきてくれる。お土産にといってさらに酒《アラ》をくれる人もいる。

徳欽から来た車が到着し、遺体と遺品をつめこんだ。暗くなるころ、村人に見送られて明永村を出発する。再会を約束して、笑顔で別れた。

村のはずれで空を見上げた。カワカブは来たときと同じように雲に覆われて見えなかった。

梅里雪山一周の旅

南北につらなる梅里雪山の山群を、長大な巡礼の道が一周している。全長約三〇〇キロ、徒歩で一〇日以上を要する道だ。チベット仏教徒は数多く訪れるが、外国人で歩いた者は数えるほどしかいない。

一九九九年、明永《ミンヨン》村に初めて長期滞在した僕は、最後の一カ月を使ってこの巡礼路を回ることに決めていた。梅里雪山の周囲の様子を知ることとともに、カワカブの西側の姿をこの目で見たかった。カワカブには、東面・南面・北西面の三つの顔がある。そのうち南面と北西面は、カワカブの西側に行かなければ見ることができない。それらの写真はこれまで一度も発表されたことがないうえ、西側の登山ルートの偵察も行なわれたことがなかった。

旅の手配は旅行社に頼むつもりでいたが、一人でチベット人の村に滞在してみると、この旅は土地の人とともに歩くのがふさわしいと思いはじめる。チャシ村長に相談すると「今の小林《シャオリン》なら大丈夫だろう」と言って、巡礼を経験したことのある二人の村人を紹介してくれた。村長の弟チャシニマ（三三歳）と、馬の扱いに詳しいアンドゥイ（四六歳）である。荷を運ぶラバは、彼らが一頭ずつ連れてきてくれることになる。ラバとは、馬とロバの交配種で馬そっくりだが、馬より体が大きく力も強い。こうして三人と二頭の隊ができあがった。一〇月の初旬、チャシ村長に見送られて、僕の小さな隊は二〇日間におよぶ梅里雪山一周の旅に出発した。

暑い低地ツァワロンへ

初日は、瀾滄江《ランツアン》（メコン川上流）の峡谷の底につけられた小道をゆく。この道は、「茶馬古道」と呼ばれる古《いにしえ》の交易路である。車道ができる以前、中国からはお茶を、チベットからは塩を馬に載せて運んだという。

我々の荷は、キャンプ用具・食料・ラバの飼料・撮影機材の四種類に分けられる。それぞれを一箱にまとめて、ラバの背に二箱ずつ積む。アンドゥイとチャシニマは、着のみ着のままという感じで、個人の持ち物は肩かけ一つずつである。さすが、山旅に慣れたチベット人だ。

瀾滄江の川岸は砂地が多く、乾燥していて暑い。ところどころにサボテンが生える道を、水のないまま何時間も歩いていると、時おり現れる緑の村はオアシスのように見える。じつは前夜、旅に出る嬉しさのあまり油断して酒《アラ》を飲みすぎてしまった。情けないが初日から二日酔いである。さらに村の水場で冷たい水をがぶ飲みしたことがたたって、初日から腹をこわしてしまった。

二日目、車道を歩いて羊咱《ヤンザン》（ヤツァ）村にいたる。ここまでは徳欽《デーチン》から車で来る巡礼者が多いようだ。前日からの下痢が原因で、上り坂がつらい。

羊咱で瀾滄江にかかる橋を渡ると、リジトンと呼ばれる寺に出合う。アンドゥイたちはその寺の周りを三周し、香炉で焼香した。寺の壁には、武将のいで立ちで白馬にまたがる姿をしたカワカブ神が描かれている。いよいよ巡礼の道に入ったことを知り、気を引きしめる。

三日目、瀾滄江の支流に沿って、山の奥へと進んでゆく。梅里雪山では山に近づくにつれて雨量が増えるため、標高が高いところほど緑が濃い。この日から、何人もの巡礼者に出会うことになった。

出発から七時間後、樹林がとぎれ、ヨンシートンと呼ばれる放牧地に着く。その夏小屋に泊まることにした。この日は、旅で初めてのキャンプである。何の打ち合わせもしていないのに、アンドゥイとチャシニマの動きは手際よかった。ラバから荷を降ろすと、まずラバのエサを探しに林へ入ってゆく。三〇分後、笹《ささ》を山のように担いでもどってきた。その後たき木を集めて、小屋の囲炉裏に火をつけ、食事の支度を始める。体調の回復していない僕は、ただ見守っていた。この日の夕食は、青唐辛子の炒め物と豚肉のスープ、そして米の飯。チベットの男たちは、料理もなかなかうまい。

暗くなると寝る準備を始める。僕は寝袋を持ってきたが、二人は、ラバの鞍の下に敷いていた毛布を布団にして、二人一緒に寝る。男同士が一つの布団で寝るとは信じられないが、彼らにとっては当たり前のようだ。確かに荷は少なくてすむので合理的だ。山のなかで過ごす初めての夜は、体が興奮してなかなか寝つけなかった。明日はいよいよ標高四五〇〇メートル近いドケラ峠ごえである。

四日目の朝、明るくなると同時に起床。朝食はチベット食の基本、バター茶とツァンパ（麦こがし）だ。バター茶で練ったツァンパに、チャシ家のアニーがつくった自家製蜂蜜をつけるとなかなかうまい。

八時過ぎに出発。沢沿いの苔むした樹林帯をたどったのち、ドケラへ続く急斜面を登ってゆく。体調が回復していないうえ、標高が高く空気が薄いので息がきれる。普段の半分ほどのスピードでゆっくり登る。

やがて樹林がなくなり、目の前に広々としたカールが広がった。そのいちばん奥に、峠へ続くつづら折りの道が延びていた。カールとは、氷河時代に氷河が削りとった半円形の広大な窪地《くぼち》である。

昼過ぎ、ついにドケラ峠へ到着。峠には多くの祈禱の旗が祀られている。

「アッラソロー！」

先に着いたアンドゥイとチャシニマが祈りの言葉を叫ぶ。そのあと短いお経を唱えながら、旗の周りを大きく回る。旅の安全を祈る意味があるという。

標高四四八〇メートルのドケラでは、酸素濃度は平地の半分ほど。そのうえ冷たい風が吹いているので、体が思うように動かない。だが、気分は爽快だった。ここは瀾滄江と怒《ヌ》江の分水嶺である。峠の東側に降った雨はベトナムから南シナ海へそそぎ、西側に降った雨はミャンマーからインド洋にそそぐ。そんな大地形の境界に立てたことが嬉しかった。

休憩後、西側のカールを下りはじめる。一〇〇〇メートルほど下ると、沢沿いの樹林に入った。このあたりの森は、東側にも増してみずみずしい。沢の水は水量豊富で、水際の石は苔にすっかり覆われている。撮影するために、一人遅れて歩くことが多くなる。

この日は、樹林のなかに平地を見つけ登山用のテントをたてる。僕たち三人は、一つのテントで一緒に寝泊まりすることにしていた。

暗くなるころ四人組の巡礼がやってくる。隣に泊まるようだ。彼らはテントらしいものを持っていなかった。ビニールで覆った毛布を、地面に直接敷いて寝る準備をしている。

夜に雨が降りはじめたとき、テントの中でアンドゥイがつぶやいた。

「あいつらは本物の巡礼だが、俺たちは登山隊だな」

雨が降り続いても、彼らは動じる気配がない。さすが山に生きる民だ。

初日から毎日雨が降っている。雨季はまだ明けていないようだ。

五日目、沢沿いの道は、このところの雨でどろどろになっている。標高三二〇〇メートルあたりで、竹の自生する地帯を通過する。カワカブを巡礼するチベット人は、みなここで竹の杖をつくって持ち帰るらしい。

沢を離れ樹林帯を登ってゆくと、ル・ワスィラと呼ばれる小さな峠に到着した。「ラ」とはチベット語で、峠を意味する。地図で確認すると、ここからカワカブの南面が見えそうだが、今日は雲っていて見えない。

この峠には祈禱旗の他に、お椀や古着が置かれ、大量のツァンパがまかれていた。どんな意味があるのだろう。一見するとゴミのようで見栄えが悪い。巡礼者は針葉樹の葉で焼香し、持参した旗を結んでいた。

明日また来ることにし、チュナトンと呼ばれる川の合流点まで下って、テントをたてる。「チュナトン」とは、黒い水が流れるところという意味らしい。目の前を流れる川は、氷河の土砂を含んで黒っぽく濁っている。上流に氷河があるのだ。それは、カワカブの山頂へと続く氷河だった。

翌日は、初めて朝から晴れる。二人には休憩してもらい、一人でル・ワスィラに上がる。朝のうちは山頂に雲がかかっていたが、一〇時ごろには雲が消えはじめた。やがて、カワカブ南面の全貌が現れる。三〇〇〇メートル近い高度の岩壁が、人間を寄せつけないかのようにそびえていた。僕は夢中でシャッターを切った。この山容を写真に収めるのは、世界で初めてだと思うと心が高ぶる。同時に南面の登山ルートを探すが、傾斜があまりに急で、弱点が見つからない。ここからの登攀は困難だと思う。一時間後、山頂は再び雲に覆われた。

後から巡礼者がやってくる。彼らはカワカブの姿を認めると、無言で五体投地を始めた。

七日目、初日に崩した体調はすっかり回復した。沢すじを離れ、樹林帯を登ってゆく。周囲は松茸が生える樫《かし》の木の林になり、木々にサルオガセが絡みつく。登り続けると、突然前方が開けて、目の前に山なみが広がった。ロントンラ（三七四〇メートル）に着いたのだ。ここで初めて怒江の深い切れこみを目にして、新たな土地へやってきた感動をひしひしと感じる。

峠からは青海省の巡礼たちと一緒に、松林の急坂を下ってゆく。やがて、チベット側で最初の村・アベンにいたる。アベンの家屋は石造りで、彩色された窓枠が美しい。土壁づくりの明永に比べると、整然とした感じがする。チャシニマが以前泊まったことのあるという家に泊めてもらう。

この旅に出る前に、チャシ村長から不思議な話を聞いた。アベンでは、出された食事に手をつけてはいけないというのだ。毒が入っていることがあるという。このあたりでは、旅人を毒殺する習慣があるらしい。僕たちは、自分で夕食をつくって食べた。

夜は電気がないので、松の木片を燃やして明かりにする。チャシニマたちは、家の人とチベット語で話をしていた。ゆらゆらと揺れる炎が心地よい。毒殺の話など嘘のように思える。赤い炎は、自然の温かさと厳しさを教えているようだった。明永村の何十年か前の姿を見ているような気がした。

八日目、アベンを出発すると、ツァワロン（暑い低地）と呼ばれる怒江の流域に入る。

チュナトンから続く川が本流と出合う付近は、高さ数百メートルの岩壁がむかいあう大ゴルジュになっていた。驚いたことに、ゴルジュ内の道の側壁には、長さ数百メートルにわたって仏画や経文が彫られている。まるで、人間の力を超える自然の造形に、畏敬の念を捧げているようだ。だが、仏の顔はすべて削りとられている。こんなところにも文化大革命の影響が及んでいるのだ。

ゴルジュをぬけると、怒江本流に到達。世界地図でも確認できる大河から大河へ、歩いて横断したのだ。出合の標高は一七〇〇メートル、巡礼中の最低所である。強い日射しが照りつけていて暑い。本当にツァワロン（暑い低地）だ。道のすぐ横にラカンラと呼ばれる寺があり、カワカブ神の像が安置されていた。

午後は、怒江の本流を遡ってゆく。川は幅五〇メートルほどで両岸は切りたち、茶色い水がとうとうと流れる。川岸には段丘と岩壁が交互に現れる。岩壁をくり貫いてつけられた道は高度感があり、風に吹かれるとバランスを崩しそうで恐い。しばらく行くと、河畔にチュジュと呼ばれるぬるい温泉が湧いていた。僕たちはそこで素っ裸になって体を洗う。大河を眺めながらの豪快な入浴である。

夕方、近くの村へ行き、泊めてほしいと頼んでみる。が、きっぱり断られてしまった。

チャシニマが言う。

「巡礼者には盗っ人もいるから、このあたりの村では見知らぬ人間を泊めないいんだ」

何百年もの巡礼の歴史のなかで、さまざまな事件があったのだろうか。

その晩は、怒江のほとりにテントをたて、川音を聞きながら眠りについた。

九日目、朝から晴れて暑い。川岸には乾ききった砂地が広がる。このあたりは主稜線から遠いため、雲が発生せず降水量が少ないのだ。

昼前に大きな段丘を通過する。ところどころにサボテンや棘《とげ》のある草が生えていて、まるで砂漠のようだ。そのサボテンは、うちわのような平たい茎をもつウチワサボテンの一種で、チベット語では「象の舌」とか「妖怪の靴」と呼ばれるらしい。サボテンの赤い実は水分が多く、キウイのような味がして喉を潤してくれる。

午後、ツァワロンの中心地ザナに着く。ここには学校や共産党支部がある。ここで小さな事件が起こった。

僕が一人遅れて歩いていると、酔っぱらった村人にからまれて、役所に連れていかれてしまったのだ。外国人がチベット自治区を旅行するには入域許可証が必要だが、今回はそれをとっていない。片言の漢語で役人に事情を説明しても、らちが明かない。何とか役人を外に連れだし、チャシニマが待っているところまで一緒に行って、彼と話をしてもらう。どうなることかと思ったが、二人は穏やかな口調で話しはじめ、やがて僕は解放された。チャシニマはついでにこの先の道も聞いている。頼もしい男である。

ザナから怒江本流を離れ、支流へ入る。その途中でジナという村を通過した。ここの水も毒があるので飲んではいけないという。

今日の目的地のロンプ村は、支流のいちばん奥にあった。この村には、瀾滄江沿いの雨崩《ユイポン》村から来たお婆さんが住んでいる。彼女の家に泊めてもらう。これからの六日間、この家を拠点にして巡礼路の内側を探ることになる。

夕食前、焼きトウモロコシや、大麦の醸造酒チョンを初めていただく。どちらも、明永村では口にしたことがないものだ。チョンとは、蒸留してアラにする前の酒で、度数が低く甘酸っぱい。素朴なツァワロンの味がした。

カワカブを護る村

巡礼の旅に出発する前、一枚の地図を見つけた。その地図には、巡礼路の内側に「扎得通」という地名が記されていた。そこから梅里雪山の北西面が見えそうだ。ロンプ村のお婆さんの娘・タージュインに道案内を頼んで、その地を目ざすことにする。チャシニマに同行してもらい、アンドゥイとラバ二頭はロンプで待機することにする。

一〇日目、曇り。巡礼路からはずれ、山の斜面を登ってゆく。四時間登り続け、ナチュと呼ばれる峠をこえると梅里雪山の方角が開けたが、山は低い雲に覆われて見えない。

さらに山腹を大きくトラバースして、ポンゴンと呼ばれる丘に着く。正面に梅里雪山山群の第二の高峰・PK6509が見えるが、山頂は雲に隠れたままだ。この山はチョタマと呼ばれている。

広い尾根を進み、ラジラと呼ばれる鞍部から梅里雪山の方向に向かって下ってゆく。前方の広い谷の中に、小さな村が見えはじめた。「ジャジン」と呼ばれる村らしい。周囲を六〇〇〇メートル級の高峰に囲まれている。ロンプを出発してから一〇時間、こんな奥地に村があるとは驚きだった。

ジャジンの標高は三七〇〇メートル、四軒の家がたち、約三〇人が暮らしている。タージュインの友人の家に泊めてもらう。その家の子どもたちは、突然やってきた僕らを、緊張した面持ちで見つめていた。

一一日目、曇り時々小雨。この日も雲が多く、梅里雪山は見えない。晴れるまで村にとどまることにする。タージュインは仕事があると言って帰っていった。

小雨の降るなか、僕は一人で谷の上流へ探索にでかけた。家の上流側には、広々とした草地が広がっている。その草はオレンジ色に色づいて、草地の両側には、紅葉の混じった針葉樹の森が広がる。幻想的な風景だ。

草地の中央には、大きな焼香炉が置かれている。その周りを幟《のぼり》のような祈禱の旗が囲む。それは、梅里雪山が見える場所にふさわしい風景だった。

谷を三時間遡り続けると、氷河の見えるところまで達する。梅里雪山の山頂へ続く氷河である。地形図を見ると、この氷河からカワカブの西稜へ上がれる可能性があるが、霧のため何もわからない。周囲には高峰が林立しているはずだが何ひとつ見えず、不気味なほど静まりかえっている。一人でいるのが恐くなって、早々に引き返した。

夜、隣の家のお婆さんがやってくる。お婆さんは僕を見てこう言った。

「外人が来てカワカブの写真を撮ろうとするから、雨が降るのじゃ」

不気味な言葉だった。カワカブはここでも聖山として信仰されているのだ。大きな山は見る場所によって呼び名が変わることがあるが、梅里雪山の最高峰は、明永村の真裏のこの地でも「カワカブ」と呼ばれていた。

子どもたちは相変わらず不思議なものを見るように、僕を見つめていた。

一二日目、雨時々曇り。今日も山は見えないので、村の周りを散歩することにする。ジャジン村は広い谷のなかに細長く広がり、そこには三つの放牧地があった。地図で見つけた「扎得通《ツアダトン》」という地名は、いちばん下流にある放牧地ザテトンの漢語名だった。

焼香炉のあるオレンジ色の草原はチュナトンという。上流に氷河があることを意味する地名だ。この草原の広がりは信じ難かった。こんな奥深い場所に梅里雪山の見える美しい場所があり、そこに人が暮らしている。そのことが、すぐには信じられなかった。ジャジンはまるで、カワカブの北西面を護るような村なのだ。この地に来て、カワカブが本物の聖山であることを実感した。

一三日目、曇り時々小雨。山は雲に覆われたままだ。アンドゥイが心配しているだろうから、一度帰ることにする。泊めてもらった家の女に見送られて、ジャジンをあとにする。子どもたちは最後まで打ちとけてくれなかった。

ポンゴンの丘まで一気に登る。正面のチョタマは、雲にすっかり覆われて山裾の一部しか見えない。そこでチャシニマは旗ざおに祈禱旗を結び、祈りの言葉を口にした。それが終わると彼はこんなことを言ったのだ。

「村で気づいたことがある。明永で毎朝となえるお祈りに『ジャジン』という言葉が出てくるんだ。そのお祈りでは、『ノ・ジャジン』がカワカブの東西南北にある聖地の一つだと謳《うた》っている。『ノ』は西を意味するから、まさにここのことだな」

四つの聖地か。謎めいた話だ。だが、このときの僕は、目の前のカワカブ北西面を見ることに夢中だった。

夕方、ロンプ村にもどる。アンドゥイが怒っていた。僕たちが殺されたかも知れないと思ったそうだ。心配かけたことを謝る。彼は、峠が雪で通れなくなることを心配していた。すぐにでも出発しようと言うが、しばらく話し合った末、あと二日だけという期限を区切ってもう一度ナチュ峠へ行くことを許してもらう。

一四日目、小雨時々曇り。アンドゥイと二人でナチュ峠に上がる。厚い雲に覆われて、この日も山は見えない。峠の手前の小屋に泊まる。

一五日目、雨のち曇り。今日がアンドゥイと約束した最後の日だ。周囲には相変わらず低い雲が垂れこめて、雨まで降っている。梅里雪山は見えなかった。九時ごろ雨が止むと、カメラを持って峠の最上部へ移動する。この峠の一角には崩れた寺の跡があった。その周りには、祈禱の旗が風にはためいていた。

〝チベット人の信じる『聖山』とはいったい何なのだろう？〟

何日待っても晴れない山を見つめていると、そんなことを考えずにはいられなかった。

〝聖山をテーマに写真を撮ってみようか〟

心が動きはじめていた。

午後になると、それまでわずかに見えていたチョタマの山肌も、すっかり雲に覆われてしまう。

だめだ。また来年来よう……。ようやくあきらめがついた。カメラを片づけながら、僕は決心していた。

〝梅里雪山を真剣に撮影してやる〟

探し求めていた撮影対象が、このときはっきり定まった。

再びここにもどってくることを誓って、ナチュ峠をあとにした。

シュラ峠の風

一六日目、六日間滞在したロンプ村を出発する。巡礼の旅もいよいよ終盤だ。ここから瀾滄江まであと三日、その間、大きな峠を三つ越える。

最初の峠はトンディラ、標高三三五〇メートルである。この日僕は、スズメバチに足と腰を刺されてしまった。かなり痛い。峠へ続く樹林帯の坂道を、足を引きずりながら登ってゆく。うしろから来た巡礼者に、そんな歩き方ではダメだと注意されるがどうしようもない。

トンディラは、木に囲まれた静かな峠だった。前後に巡礼者の姿が多い。ラサの北の那曲《ナチュ》（ナクチュ）から来た一団もいる。ずいぶん遠くから来るものだ。

樹林帯を下ってゆくと、怒江の支流ウィチュの切りたったゴルジュが見えはじめた。このゴルジュを通過できれば速いのだが、険しすぎて道がついていないため、ダクラ峠を越えて丸一日迂回せざるを得ない。ウィチュ沿いの道を下ってゆくと、明るく開けた谷に変わる。途中で、「お腹がすいた」と言いながら物乞いをする巡礼者に出会う。

この日は、ゲブ村で空き家に泊まる。

一七日目、標高四一〇〇メートルのダクラを越える。ゲブ村からダクラまでの標高差は一八〇〇メートル、これまでで最も長い登りだ。

暗いうちにヘッドランプをつけて出発。蜂の腫《は》れは引いたので調子はいい。見晴らしのよい斜面をトラバースしたのち、樹林帯をどんどん登ってゆく。雨が降りはじめる。松茸狩り用の小屋があるところで昼食。ここでラサから一人で来たという僧侶・ツォプーに出会う。年は三〇代後半くらいか。この先しばらく一緒に行動する。

登ってゆくと周囲の樹の高さが次第に低くなり、樹林限界をこえる直前でダクラに到着した。出発から五時間半かかる。あたりはカラマツの黄葉が美しい。霧のため視界はきかない。

ラバのファーミー（メス四歳）の元気がない。そのうち口から泡を噴きはじめる。毒のある石楠花《しゃくなげ》を食べてしまったらしい。アンドゥイが、舌を引っ張りだして針を刺し治療する。しばらく休むと、何事もなかったかのように回復した。さすが馬に詳しいと言われるアンドゥイだ。

サルオガセが絡みつく雰囲気のいい森を四時間下り続けて、ウィチュのゴルジュの上流に下りたつ。ようやく迂回が終わった。その後、シュラ峠へ続く支流を一時間半登って、ラダ村へ。出発してから一二時間、長い一日だった。

村のはずれにテントをたてる。この日、僧侶のツォプーも我々のテントに入り一緒に泊まる。四人入ると窮屈だが、お坊さんを邪険にすることはできないのだ。なじみの土地まであと一日。嬉しさでみな気分が高揚している。

その晩、ツォプーからチベットの一二神山について聞いた。カワカブのほかにチョモランマ、カイラス、ナムチャバルワなどの山々が含まれるという。彼はそれらの山を一つずつ巡礼しているらしい。

一八日目は、巡礼路の最高所、四八一五メートルのシュラ越えだ。登り一七〇〇メートル、下りは二六〇〇メートルの長丁場である。

この日も朝食をとらず暗いうちに出発。樹間から星空が見える。やがて樹林の中で朝焼けを迎えた。珍しく僕が先頭をゆく。アンドゥイらは追いついてこない。さすがの彼らも疲れているようだ。

樹林帯をぬけたところに、メジュプゴンと呼ばれる台地があった。冬虫夏草採りのテントがたつ場所らしい。シュラへ続くカールに入ると、雪が現れはじめる。峠の直下でラバのフリ（メス九歳）が雪に足をとられてもがいたが、事なきをえる。

昼過ぎ、峠にたどりつく。シュラの祈禱旗は半分以上が雪に埋まっていた。アンドゥイら三人はすぐに下ってゆく。

「アッラソロー！」

僕は大きく叫んだのち、峠の両側を見渡した。どちらのカールも雪に一面覆われている。無事にここまで来られたことを感謝する。写真を撮っていると、だんだん風が強くなった。凍える手で写真を撮り終え峠を下りる。

雪の斜面から、石楠花の大群落へと下ってゆく。秋の今は葉だけだが、花の時季に来たら壮観だろう。やがて道は、斜面のきつい沢に沿うようになる。水流を右に左に渡りながら、石ころだらけの道を下ってゆく。そのうち足を引きずるツォプーに追いついた。重い荷を背負い続けたため、膝が痛むらしい。シュラで強風に吹かれたことを話すと、彼はこんなことを言った。

「なぜ風が吹いたかわかりますか。シュラでは、長居をしたり写真を撮ったりしてはいけないのです。決まりを破ったあなたを懲らしめるために、風が吹いたのです」

一体どういうことなのだろう。彼の言葉の真意を、僕は理解しかねた。

七時間半下り続けて、梅里水《メイリーシュイ》（メール）村にたどりつく。そこには車道がきていた。文明圏にもどってきたような気がする。久々にチョンではなく酒《アラ》をご馳走になる。一九日目の朝は、美しい朝焼けに染まった。昨日から天気がよくなりはじめている。この日は、半日歩いて温泉のある紐《ニュウ》（ニョン）村まで行く。瀾滄江の流れを眺めながら露天温泉につかっていると、心地よい充実感が体中に広がった。

二〇日目、茶馬古道を歩いて、昼過ぎに最後の峠・ツヤヤカにたつ。眼下には明永村が広がっていた。

「やっと帰ってきた。これが梅里雪山の巡礼だったのか……」

安心したような、それでいて物足りないような、二つの入り混じった思いを感じていた。旅を無事に終える満足感は大きかったが、多くの課題も持ち帰って、手放しでは喜べない自分を感じていたのかも知れない。

その夜は快晴だった。ちょうど十五夜である。皮肉なことに、この日が雨季明けのようだった。あれほど見えなかった梅里雪山が、夜空に白く輝いている。カワカブが、はるか遠い存在に思えていた。

第三章　四季の梅里雪山

魔の山、聖なる山、そして豊かな山

正月の祭り

二〇〇〇年の一月末、厳冬の梅里雪山《メイリーシュエシャン》に入るため、古ぼけた路線バスに揺られていた。昆明《クンミン》から出発して二日目、金沙江《ジンシャ》（長江上流）と瀾滄江《ランツァン》（メコン川上流）のあいだの峠にさしかかると、吹雪になる。バスのなかに外国人は僕一人。他の乗客は、旧正月を故郷で過ごすための帰省客だ。みな、両手で抱えきれないほどの荷物を持っている。

　昆明からの三日目、雪のためバスは動かなくなり、十数人のチベット人の乗客とともにトラックの荷台へ乗り換える。覆いがないので、走りはじめると身が切れるほど風が冷たい。荷台から振り落とされないように、必死に手すりへしがみつく。夏なら昆明から一日で入れるところを、四日かかってようやく徳欽《デーチン》（ジュイ）にたどりついた。

　徳欽は、梅里雪山にほど近いチベット人の街である。谷あいの傾斜地に、細長く広がっている。小雪の舞う街は、正月準備の買い物客で賑わっていた。

翌日バスに乗って、真冬の徳欽から瀾滄江の谷底へ向け一二〇〇メートルの高度差を一気に下る。その途中で明永村《ミシヨン》が見えはじめた。雪は積もっていない。それどころか、大麦が芽吹いていて畑が青い。谷底の村は標高が低いので、気温がそれほど下がらないのだ。

村に入ると、路上の子どもたちが僕に気づいて手を振ってくれた。覚えているんだ！　ふるさとに帰ってきたようななつかしさが込みあげる。

チャシ家の門をくぐる。アニー（お爺さん）が、「小林《シヤオリン》が来たぞ！」と言いながら出てきてくれた。チャシ村長も笑顔で迎えてくれる。三カ月ぶりの握手をかわした。

「正月の祭りを見るために来たんだけど、また泊めてもらえるかな」

「もちろんだ。何も遠慮するな」

チャシが力強く言った。捜索のために来たわけではないのに、昨年と変わらず接してくれることが嬉しい。

家のなかには暖房がなかった。思ったよりも寒い。アジャー（お婆さん）が入れてくれた熱いバター茶が、冷えた体に染みわたる。その温かさが、それまで抱いていた不安を和らげてくれた。

翌日から元旦までの二日間、昨年撮った写真を配りながら知人の家を訪ねてまわる。正月のご馳走を準備するために、豚を解体している家や、揚げパンや焼き菓子を作っている家が多い。時おり、つんざくような豚の悲鳴が聞こえてくる。

大晦日《おおみそか》、アニーは屋上の祈禱旗を新しいものに替え、チャシは吉祥《きっしょう》をあらわす「卍」の記号を屋根に描いた。仏壇に果物やお菓子をお供えして、新年を迎える準備が整った。

＊

西暦二〇〇〇年は、二月五日に旧正月の元旦が明けた。元旦の日にちや祭りの長さは、年によって違う。今年の明永村では、正月祭りが一二日間続くという。

早朝四時、隣の家で爆竹が鳴りはじめる。夜が明ける八時ごろには、チャシ家でも朝のお祈りが始まり、家族全員が新しい服を着て新年を迎えた。朝食は小麦と大麦のお粥で、チベット式の細長い揚げパン（カズィ）などもならぶ。

食事が終わるころ、チャシの姪《めい》のツリチートイ（八歳）が、皿一杯のお菓子と酒《アラ》

（大麦の焼酎）を持ってやってきた。子どもだけの年始回りのようだ。緊張した面持ちで立つ姿がかわいらしい。やがて、近くの家で祝砲が上がり、青年たちがシンバルを鳴らしながら村をねり歩く。隣の家から、お経を上げる声が聞こえてきた。午後、知人の家を訪ねると、昼間から酒《アラ》を振るまわれた。勧められるままに飲んでいると、その家の親戚や友人たちが一人二人と集まってくる。そのまま夕食の時間までお邪魔し、豪勢な夕食をみなでいただく。こうして、元旦の夜は静かにふけていった。

元旦から四日目までは大きな行事はなく、みな親戚回りなどしてのんびりと過ごす。村はずれの仏塔《チヨルテン》では、お婆さんたちが塔の周りを一日中回っていた。

四日目、弓矢が盛んだという布《プー》（プアー）村を訪ねる。男たちが、村の広場で弓を射る練習をしていた。身の丈ほどの長さの弓をひいて、数十メートル先の的を狙っている。

この布村からは、カワカブを望むことができる。峡谷の底にあって、カワカブがはっきりと見える村は、明永とこの布村だけだろう。

梅里雪山にはさまざまな伝説がある。最も有名なものは、梅里雪山の山群が一つ后《きさき》の家族だという神話である。最高峰のカワカブが主《あるじ》で、天を突くようなメツモが后に当たる。カワカブの両側にならぶ大小の頂は、二人のあいだに生まれた子どもや護衛の将軍だとされる。この子どもや将軍の呼び名は村によって異なるので、弓を見ていた老人に布村での呼び名を尋ねてみた。親切に教えてくれたが、途中で急に真顔になり、僕を見つめて何か言った。聞き取れないので手帳に漢字を書いてもらうと、こんな意味が記されていた。

「日本国家は、今後カワカブに登山をしないでくれ」

老人は、さらに加えて言った。

「登るものは死ぬだろう」

突然の言葉にゾッとする。山麓に暮らす人々がカワカブを強く信じ、聖山を守ろうとしていることを、思い知らされた。

五日目から、明永村では正月の行事が始まる。五の倍数の日は特に重要で、五日目は太子廟《タイツ》へ初詣に上がる日とされる。

村から二時間かけて、標高三〇〇〇メートルの太子廟へと登ってゆく。村の周辺には雪はないが、寺までゆくと白銀の世界に変わった。参拝に来た人々は雪をかき分けて、建物へ近づいてゆく。寺の外で焼香をしながら「アッラソロー！」と叫んで、山への祈りを捧げる。その後なかに入り、仏像へ向かって五体投地をする。

そのお参りの仕方は、よく考えると奇妙だった。山の神と仏教の仏に、同時にお参りしているのだ。神山の崇拝と、仏教の信仰は本来違うものだろう。だが村人たちを見ていると、その二つは祈りの対象として同等のようである。昨年、明永村に滞在したことによって、村人たちがカワカブをどう見ているのかを感じた。彼らは山に畏敬の念をいだき、親のように慕っている。宗教になじみのない僕にとっても、この地でカワカブを拝むことは、自然なことに思えてきた。

六日目からの三日間、村の広場でチベット舞踊を踊る日々が続く。その初日に、今年初めてカワカブが見えた。雨季の夏よりも白い。

広場では、鮮やかな民族衣装を着た村人が、円陣を組んで踊りはじめる。二胡《アールフー》（ビヨン）という弦楽器の伴奏に合わせて男女のかけ合いの歌が響き、ピンクやブルーに彩られた着物が土色の風景のなかで輝く。その様はまるで、カワカブに美しい踊りを見せているようだ。舞いを披露する家族は一年ごとに交代するらしい。観客の村人は、酒《アラ》を飲みながらにぎやかに見守っている。

踊りには夜の部もあった。伝統舞踊のほかに、子どものお遊戯や、若者によるダンス、男たちの喜劇などが上演される。みな、この日のためにひそかに練習してきたのだ。観客は星空の下で、たき火を囲んで暖をとっている。夜の部には終わりがなく、大人たちが踊り続ける日もあるが、若者のパワーが勝って広場がダンスホールになる日もあった。

九日目、明永村では競馬が行なわれる。一年半前にできた車道を利用して、各家から出馬した五〇頭のラバが順位を競う。この競馬は、チャシの提案によって新しく始められたらしい。他の村には見られないものだ。彼が村長になったことで、明永村は新しいものを取り入れる力を持ったのかも知れない。

一〇日目は、村はずれの仏塔《チョルテン》へ参拝する日だ。塔まではわずか一〇分の距離だが、家族みなが正装して、立派な鞍をつけたラバとともにでかける。全家族が集まると、仏塔《チョルテン》の前で昨日までとは違う厳かな舞いが始まった。

舞いが一段落すると、親戚ごとに塔の周りに集まって、持参した豪華な弁当を食べはじめる。この仏塔《チョルテン》に何か意味がありそうだった。

その食事の合間、隣の老人がカワカブにまつわる伝説を話してくれた。

「昔、チベット人同士の戦争があったときのことだ。敵の兵士は、カワカブを見たことがなかった。徳欽まで攻めこんできた敵は、初めて見るカワカブの美しさに恐れおののいて、山の見える場所での戦闘をやめたということだ」

信心深いチベット人ならば、実際にあった話かも知れない。老人はさらに続ける。

「こんな話もある。カワカブの懐に、隠れた湖があるのを知っているか。その水の色は、牛乳のように白い。普段は見えないが、それが出現すると良くないことが起こるのだ。お前たちの登山隊が遭難したときも、湖を見たものがいるそうだよ」

恐ろしい話である。伝説には何かいわれがあるものだとしたら、この話の由来は一体何なのだろう。いつかそれを突きとめたいと思う。

食事が終わると、正装した男たちがラバに乗って、全員で村へもどる。村の入り口では、民族衣装を着た女が、酒《アラ》を入れた盃を持って待っていた。先頭の男がその酒《アラ》に指を浸し、天に向けて三度はじく。清めの儀式のようだった。その後、年配の男女だけが広場に集まり、伝統舞踊を踊りはじめた。

この日の行事は、昔インドから明永村にやってきた活仏《ラマ》が、村のはずれに仏塔《チョルテン》をつくったことを記念するものらしい。塔ができてからは、村を苦しめる大水や災害が少なくなり、争いごとがなくなったという。仏塔《チョルテン》が村の暮らしを守っているのだ。彼らの信仰は心の中だけのものではなく、生活に密接に結びついているからこそ強いのだろう。

一一日目は、広場で再び楽しげに踊る。

最終日の一二日目は、神水を飲む日である。神水とは、仏塔《チョルテン》近くの岩間から湧きでる清水で、いつまでも涸れないため神聖なものとされたらしい。その神水でバター茶をつくり、何杯も飲む。この日は、仏塔《チョルテン》ではなく、神水の源である雪山のほうを向いて、みなが座っていた。水をもたらすカワカブに感謝する一日のようであった。

*

「一年でいちばん好きな季節」とアニーが言った正月祭りを見たくて、冬の梅里雪山へやってきた。祭りには、農繁期では味わえないさまざまな楽しみがあり、そこに聖山への信仰が自然に結びついているようだった。言葉がよくわからないため、一つ一つの儀式の意味を理解できないのは残念だが、カワカブと人々との結びつきを、より深く実感した。

明永村の祭りが終わったあと、周辺の村をいくつか回り、約一カ月の滞在を経てカワカブを離れる。

別れの前日、チャシや副村長らが夕食会を開いてくれた。その席で、「カタ」と呼ばれる白いスカーフを首にかけてもらう。チベットの風習で、相手の幸せを祈る意味があるという。今回は、山岳会の捜索とは関係なく、個人として村にやってきた。このカタは、自分が一人の人間として認められた証のようで嬉しかった。

翌朝、明永村を出発し瀾滄江を南下する。桃や菜の花がところどころに咲きはじめていた。三月の初め、カワカブの春がすぐそこまで来ていた。

——初夏の麦刈り——

三月の後半に東京へ帰り、いつもの生活にもどる。四畳半一間のアパートでさまざまな雑用をこなし、分きざみの地下鉄に乗っていると、カワカブの麓で過ごした時間をふと思いだすことがある。大自然に囲まれた村での暮らしと、人工物に囲まれた都会での生活……。そのあまりの大きな差に、戸惑いを覚えた。まるで、別の世界を行き来しているようなのだ。カワカブにいた自分と、東京にいる自分が、連続していないように思えた。

だが、一カ月もすると、都会の環境に慣れている自分がいる。そして再び、まだ見ぬ季節を訪ねに、カワカブへ行きたくなるのだった。

一方、遭難者の捜索は、一七人のうち五人が未確認のままである。そろそろ雪が解けて、遺品が現れる季節になる。山岳会の関係者も、今年はどうなのかと気をもんでいた。

二カ月後、僕は初夏の明永村を訪ねることを決めた。

*

五月の下旬、山のあちこちに紫や桃色の石楠花《しゃくなげ》が咲き、畑には麦の穂が黄色く色づいている。昨年の初冬にまいた大麦が、収穫の時季を迎えているのだ。

明永村に到着した翌朝、さっそく麦畑へ散歩にでかけた。土の匂《にお》いをかぎながら、朝日に輝く麦穂をすりぬけ、青々と茂った胡桃《くるみ》の木を見上げる。

「アムー！（子どもへの一般的な呼びかけ）」

母親が子どもを呼ぶ声があたりにこだまし、家畜の鳴き声が遠くから聞こえる。

周囲の山々は、しみるような緑に覆われていた。風景のなかに、自分がとけてゆきそうな気がする。東京の生活で萎縮した五感が解き放たれ、自然と調和しはじめる瞬間だった。

この時季になると、どこの家でも自家製の堆肥《たいひ》を畑へ運び、家族総出で麦刈りを始める。村中から、にぎやかな歌声や笑い声が聞こえてくる。

〝なぜ、これほど豊かなのだろう〟

明永村に滞在を始めたころ、この豊かさに驚きを感じた。

ここは、一七人の命を奪った魔の山である。峡谷の上から見下ろすと、谷のなかは荒れた傾斜地ばかりで、乾燥して赤茶けた地肌が目につく。ところどころに見える小さな村には、どんなに貧しい生活があるのだろうと考えていた。

しかし視線を下げて、そこに住む人々に目を合わせてみると、貧しさとはかけ離れた明るい笑顔があふれていた。傾斜地の上部には森が広がり、寒村と考えていた村には豊かな農作物が実っている。カワカブに降る雪が安定した水をもたらし、谷の標高の低さが温暖な気候をつくるのだ。魔の山カワカブが、多様な命を育んでいた。

一〜二週間して麦刈りが終わると、畑の横に積んでおいた堆肥をまきはじめる。この肥料は、豚小屋の地面をうすく削りとったものだ。豚小屋には半年前から、木の葉や作物のかすを敷きつめておく。半年のあいだに豚のし尿と混ざって分解が進み、さらにまく直前に積み上げられることで、堆肥は湯気が出るほど発酵するのだ。

「この肥料のおかげで、麦とトウモコロシの連作が毎年できるのだよ」

アニーがそう教えてくれた。

逆に、畑から豚へ還元されるものもある。畑に生えた雑草やトウモロコシの茎が、豚や牛の餌となるのだ。無駄になるものがほとんどない。そんな循環型の農牧業が行なわれていることが、この土地の豊かさの一因だろう。

肥料をまき終わると、ヤクと牛の交配種であるゾッに犂《すき》を引かせて畑を耕し、トウモロコシの種をまいてゆく。六月の半ば、刈りとった麦が乾燥して脱穀が始まるころ、山麓は雨の季節に入る。

＊

麦刈りが続く三週間ほどのあいだ、村人は朝から晩まで農作業に明け暮れる。そのため、予定していた遺体捜索や高山への旅は、なかなか実現しなかった。最初の捜索にでかけたのは、六月の下旬になってからのことだ。

その日は、時おり雨が強く降るあいにくの天気だった。チャシと僕は氷河を登ってゆく。標高の高いところには、石楠花やツツジが咲いていた。

昨年と同じ現場まで登り、氷河に下りる。氷河の表面は、まだ半分以上が残雪に覆われていた。そのため露出物は少ないが、ヘルメットや衣服の残骸といくつかの骨片が見つかった。遺品のあった範囲から二〇〇メートルほど下流に、アイスフォールの落ち口が見える。今後も定期的なパトロールが必要なことを確認して、この日の捜索を終えた。

その晩、今後の捜索方法について、チャシと話をした。

「今年、僕は長期滞在ができないんだけど、どうしたらいいだろう？」

「去年のように日本人がいるのがベストだが、俺たちだけで捜索してもいいぞ」

チャシがそう答えた。

「本当か。遺品や遺体が見つかったらどうする？」

「遺品や小さな骨は岸に集めておくから、秋にまとめて降ろせばいい。だが、もし大きな遺体が出たら、連絡するから取りにきてくれ」

「わかった。そうしてもらえるとありがたい。山岳会に伝えるよ」

「それと、今日捜した場所の下にアイスフォールがあっただろ。遺品があそこに入ったら危険で近づけないから、今年の捜索は重要になるな」

チャシがそう言った。僕も同じことを考えていた。一〇回以上一緒に行動したおかげで、二人は捜索活動について同じ考えを共有できるようになっている。村人だけのパトロールの可能性も、これまで何度か話し合ってきたことだ。それにいつの間にか、通訳を介さずにある程度の会話ができるようになっていた。

チャシのこの提案を受けて、村人だけによる捜索が、この年初めて実現することになる。

七月の初め、一カ月の滞在を終えて村を去るときには、トウモロコシの芽が顔をのぞかせていた。明永村に滞在を始めたのは、ちょうど一年前。あのときも、トウモロコシの若芽が雨にぬれていた。この土地の一年の長さを、肌で感じることができたのだ。カワカブはすでに雲に覆われている。一年前と同じ雨季の風景を目で追いながら、帰路についた。

遺族との旅

になる。

その後、チャシは約束どおり定期的な捜索を実行して、報告を伝えてくるようになる。

九月の初め、二つの遺体が発見されたという連絡が入った。僕はすぐに出発できなかったが、他の山岳会員が現地へ向かい、無事収容する。二体のうちの一体は、広瀬顕であることが判明した。広瀬は、梅里雪山に対する情熱を人一倍持ち、一次隊と二次隊に関わるすべての登山活動に参加した唯一の日本人だった。

この徳欽行きの際に、現地の高虹《ガオホン》主任とのやり取りによって、もう一つ意外な事実が判明する。最初の収容活動を行なった二年前、身元を特定できない遺体が五つあった。その年に、笹倉俊一の手帳も発見されていた。主任によると、その手帳は、身元不明と考えた遺体のうち特に大きな一体から見つかったというのだ。五体のうちの一体は笹倉だったということだ！　初めて聞く話だった。初年度の慌しい状況のなかで、中国側と日本側の連絡が十分できなかったことによる過失だった。

その報告を聞いたとき、僕は愕然とした。彼の遺体を発見した現場には、自分もいたのだ。笹倉とは、山岳部時代に毎日のように顔を合わせている。僕の親友だった。その亡骸《なきがら》を判別できなかった自分が、無性に悔しかった。

会員の帰国後、二年前に持ち帰った遺骨を探したが、すでに他のものと一緒に埋葬されて、個別には存在しなかった。私たちは、取りかえしのつかない過ちを犯してしまったのだ。

山岳会からご両親にその事実が伝えられる。翌日、僕は暗い気持ちで彼の実家に電話をした。お父さんが電話口に出られた。どんなことを言われても仕方がないと覚悟していた。ただ謝るしかない僕に対して、お父さんが口にされたのはこんな言葉だった。

「小林君、仕方ない。実は二年前、身元のわからない遺体の様子を聞いて、あれが息子じゃないかと思っていた。あのとき別れを言ったので、今さらもどらなくてもそれほどショックはないよ」

それは、僕たちに対する最大級のねぎらいだった。

お母さんが電話に出られた。

「主人はああ言っていますが、私はまだ心の整理がつかないんです。昨夜はいろいろなことが思い出されて、一晩泣きました」

話す声は優しかったが、その奥にやり場のない無念さを湛《たた》えていた。運命に対して、「なぜ?」と問いかけているようだった。僕は何も声をかけることができなかった。

広瀬と笹倉の確認によって、捜索三年目のこの年、遺体の発見された隊員は一七人中一四人となった。

＊

その年の一〇月、二度目のカワカブ巡礼に行くため、明永村へ向かう。その際、日本の五人の遺族も村まで同行することになった。遺体の発見された氷河を、どうしてもその目で見たいと希望された方々だった。

日本を出てから二日目の夕方、標高三三〇〇メートルの徳欽へ無事到着する。五人の遺族のうち四人は、七〇歳前後の高齢である。高山病を心配したが、全員問題ないようだった。その日のうちに飛来寺の慰霊碑を訪ね、花と酒をお供えする。まだ雨季が明けていないため、カワカブは見えなかった。

翌日の昼、明永村へ着く。チャシ村長にあいさつをして、そのまま太子廟まで登り、夕方には明永氷河のほとりに到達した。五人とも元気な様子で安堵する。遺族が氷河まで達したのは、これが初めてだった。五人の方々は、どのような思いで遺体の出現した氷河を見つめただろうか。体調によっては明永村まで行けない可能性もあったため、全員に氷河の氷を触っていただいたときには僕も感激した。

その晩は、寺の隣に建てられた山荘に泊まる。この日まで、カワカブは一度も姿を現さなかった。

翌朝、祈るような気持ちで目を覚ます。外に出ると、まだ暗い夜空にカワカブがぼうっと浮かんでいる。一点の雲もかかっていない。

五人の方々もすでに起きている。私たちは、山がいちばんよく見える場所にならび、その瞬間を待った。

夜が明けはじめてから三〇分後、桃色の光が山の頂点に降りたった。光は輝きを増しながら、山肌を覆ってゆく。五人の方々は、一瞬も見逃すまいと、その光景を見つめていた。涙ぐむ目、睨《にら》みつける目、ほほ笑みかける目……。

遭難から一〇年近い歳月がたつ。この間のお一人お一人の人生、そして遭難した山への思いは計り知れない。目の前の五人のまなざしを、僕は決して忘れないだろう。

その日の午後、村へもどってチャシ村長の家を訪ね、村内の民宿に一泊する。その晩、遺族の一人が言われた言葉が印象的だった。

「遭難の直後に見た梅里雪山と、今日見た朝焼けの梅里雪山は、まったく違う山のようでした」

一〇年前、遺族の方々にとって梅里雪山はどのように見えていたのだろう。当時の辛さを物語る言葉だった。

翌日、明永村をあとにする。帰路、カワカブは再び雲に閉ざされた。

遺族を空港まで見送ったのち、僕は再び明永村へもどる。村へ着くとすぐに、この年最後となる捜索を行なった。チャシと馬経武《マーチンウ》が同行してくれる。

明永氷河の様相は、昨年から大きく変わっていた。氷河の末端は一〇メートルほど後退し、氷河表面の高さも三～四メートル低くなっている。温暖化の影響だろうか。岸から氷河に乗りうつる箇所は、これまででいちばん険しかった。崩れそうな氷塊をすりぬけ、垂直に近い氷に足場をきざみ、細いリッジをまたがって進む。

遺品の散乱場所は、昨年より二〇〇メートルほど下流に移動していた。上流を見渡すと、二年前はあの辺り、一年前はあの辺り、今年はここまで来たと、氷河の動きをはっきりと確認できる。

この日は、身元不明の遺骨を一組と、約四〇キロ分の遺品を収容した。六月に予想したとおり、来年には、遺品の散乱範囲の大部分がアイスフォールのなかに入ってしまうだろう。そうなると捜索が難しくなるため、この日は特に念入りに遺品を探し集めて、三年目の捜索を終えた。

その後、村人ともにカワカブ巡礼へでかける。

*

一つの山にはさまざまな側面があり、多くの人の思いが込められている。僕が考えるその側面とは、「魔」と「聖」と「豊」。そして、「登山者」と「遺族」と「山に暮らす人々」の思い。

カワカブという山は、そんな多様な要素が複雑に絡み合ってできているようだ。その底知れぬ広がりと深さに、魅《ひ》かれてゆく。

カワカブ巡礼

梅里雪山の雨季《モンスーン》明けは遅い。一〇月半ばを過ぎると、ようやく山の見える日が多くなる。澄んだ空気がただよい、紅葉が山肌を降りてくると、巡礼の季節到来である。

一九九九年に行なった初めての巡礼行では、雨季明け前に出発したため悪天が続いて、カワカブの北西面を見ることができなかった。旅のあいだは地元の人々から疎外感を感じ、旅を終えたときには山に突き放されたような思いがした。

明永《ミンヨン》村滞在の二年目となる二〇〇〇年、再び梅里雪山一周の旅を目ざす。前回よりも出発を二〇日遅らせて、山を見ることに照準を合わせる。それとともに、カワカブの聖山としての側面を知りたいと思っていた。

雪のドケラ越え

一〇月の下旬、僕の小さな隊は二度目の巡礼に出発した。二二日間におよぶ旅の始まりだ。メンバーは昨年と同じアンドゥイ（四七歳）・チャシニマ（三四歳）の二人と、ラバのフリ（メス一〇歳）・ファーミー（メス五歳）の二頭である。

初めの二日間は快晴だった。茶馬古道では、暑さと乾きに苦しめられる。すっかり晴れているので、雨季はすでに明けたように見えた。

三日目は曇り。大勢の巡礼者とともに、永久村《ヨンジュ》を出発する。集団のなかの男たちは大きな布団を背負い、鍋やヤカンをぶら下げて、汗を流しながら歩いている。その後ろに、赤ん坊をかごに入れて運ぶ母親や、ピクニック気分ではしゃぐ子どもたちが続く。老人は最後尾をゆっくりと行く。みな嬉しそうで、生き生きとした表情だ。

晩は昨年と同じヨンシートンの小屋に泊まった。夜半過ぎから未明にかけて、巡礼たちの騒々しい声に何度か起こされる。まさか、天候が急変しているとは思わなかった。

朝起きると、みぞれが降っている。隣に泊まっていた巡礼者はもういない。夜中の声は、雪を警戒して早立ちした彼らのものだった。

僕たちが出発するころには、みぞれが雪に変わる。周囲が白く染まりはじめている。樹林帯の急坂を登り、広々としたカールに出ると、目の前は一面雪景色になった。ハイキングシューズの足元は足首までもぐる。だが危険はないので、写真を撮りながらひとり遅れて登ってゆく。

ドケラに近づくと、「早く来てくれ」と叫ぶチャシニマの声が聞こえてきた。

「この雪でラバが進めないぞ！」

「えっ？」

何が起こったかわからず、呆気《あっけ》にとられる。標高四四八〇メートルの峠まで上がり反対側を見下ろすと、雪に覆われた急斜面が数百メートル下まで続いていた。登ってきた斜面より急だ。カールの底は霧にかすんで見えない。雪の上に、巡礼者の足跡だけが残っている。

斜面を二〜三歩踏みだした途端、僕はいきなり滑って尻もちをついてしまった。踏み固められて滑りやすいのだ。アイゼンなしで下るのは恐い。

後ろから数十人の一団がやってくる。子どもや老人もいる。みなビニール袋をはおり、粗末な運動靴を履くだけだ。彼らはしばらく話し合うと、躊躇なく前へ進みはじめた。杖を使って慎重に急斜面を下ってゆく。が、今にも滑りそうで恐ろしい。

もし滑落したら命の保証はないだろう。

アンドゥイが無言で見下ろしている。馬の扱いに詳しい彼に意見を求めると、無念の表情で首を振った。

「ラバを下らせるのは無理だ」

その言葉を聞いたとき、僕は引き返す覚悟を決めた。雪は降り続いている。ここでもどるのは耐え難いが、早くこの峠から下らなければ、どちら側にも下りられなくなってしまうのだ。ラバの荷をしっかりくくりつけると、すぐに来た道を下りはじめる。途中、往きにはなかった雪崩の跡を見た。僕たちがもどる道すがらも、巡礼者は続々と上がってくる。それを見て、チャシニマがつぶやいた。

「あいつらは巡礼の途中で死んでもいいと思っているんだ」

チベット人の巡礼へかける思いの強さを知った。その晩は、昨夜と同じ小屋に泊まる。

翌日、永久村への道を引き返す。この日も数十人の巡礼者とすれ違った。

〝このまま帰ることになるのか〟

不安と悔しさで胸がつまり、アンドゥイたちと話すことすらできなかった。

六日目、晴れ。永久村で一日休憩とする。ぬれた荷を干しながら、雪のドケラを越える方法を考えるが、打開策は浮かばない。三人で身軽に旅を続けるためには、ラバが必要だ。一人沈んでいると、アンドゥイが酒《アラ》を持ってやってきた。

「小林《シャオリン》、一杯どうだ」

「ありがとう……。やっぱり帰るしかないかな」

「いや、そうとは限らない。じつはいい知らせがある。この家の主人が仲間をつれて、ドケラまで上がってくれると言っている。彼らがラバを通す道をつくってくれるよ」

「えっ、いったいどうやって？」

「任せておけばいいさ」

あの長い斜面に道をつくることなどできるのだろうか。その日の午後、半信半疑のまま出発の準備を始める。

七日目、晴れ。主人のツリノブは二人の男をつれてきた。普段着のままの彼らは、片手に斧《おの》や鍬《くわ》をもち、もう一方の手に弁当箱をぶら下げている。こんな格好で大丈夫なのか。

六人で出発する。樹々の紅葉が進み、森のなかは木漏れ日が美しい。晩はヨンシートンのなじみの小屋に泊まる。ツリノブら三人は寝具を持っておらず、たき火の横でひざを抱えて寝ていた。

八日目、朝から晴れ渡り冷えこむ。

カールまで登ると、まぶしい雪原が広がった。峠へ続く雪の斜面に、巡礼者の姿が見える。途中で、一頭のラバが斃《たお》れていた。雪で足を滑らせて滑落したのだろうか。何組もの巡礼者と前後しながら、雪道を登ってゆく。巡礼たちはみな、サングラスをかけていた。

出発から四時間後、ドケラに到着。峠の積雪は四日前より増え、冷たい風が吹いていた。だが、空は青い。

西側の斜面をのぞくと、ツリノブたち三人が、雪の急斜面に斧や鍬で階段を掘りはじめている。要所要所に作るだけなので、思ったより早い。だが、カールの底ははるか下である。

僕は峠にたって、祈禱旗の周囲を回る巡礼者を見つめた。彼らは祈りの言葉を叫ぶと、持参した五色の旗を峠の一角に結びつける。この旗は「ラテ」と呼ばれ、馬の絵と仏教の経文が描かれているものが多い。旗が風になびくと、馬が天を駆けてお経を広めてくれるという。描かれている馬は、「ロンタ（風の馬）」と呼ばれる。巡礼たちは峠を三周すると、長居を避けるようにすぐに下っていった。

やがて我が隊が上がってきた。アンドゥイがラバを待たせて、雪道の状況を確認する。ツリノブたちはすでにだいぶ下にいる。アンドゥイが何か叫ぶのを合図にして、二頭のラバは進みはじめた。雪に刻まれたステップに足をかけ、四日前にはどうしても下れなかった雪の斜面を下ってゆく。すごい！　震えるような感動がわき起こってくる。間もなく、作業を終えたツリノブらも上がってきて、五人でラバをはさむように進みはじめた。フリが一度スリップしたが、五人でとり囲んで事なきを得る。見事なチームワークだ。

三〇分後、二頭は数百メートルの雪の斜面を下って、カールの底に下りたった。ついにやった。ツリノブらの自信は本物だったのだ。山とともに生きる人々の力と知恵に感服した。

その日は、樹林帯まで下りてテントをたてる。寝る準備を始めたとき、僕は雪眼にかかっていることに気づいた。両目が熱くなり、涙が流れて止まらない。数時間雪を見ただけでやられるとは思わなかった。標高四五〇〇メートルの紫外線は、想像以上に強いのだ。少々のことは気にしないチベット人が、サングラスをかけていた訳がようやくわかった。

翌朝起きると、雪眼の涙は止まっていた。まだ焦点ははっきり定まらないが、行動に支障はない。

沢沿いの苔の生えた道を一人遅れて歩いてゆく。途中で、食事をしている数人の巡礼者に出会った。「写真を撮ってもいいですか」と漢語で聞くと、無言のままじろっと睨《にら》まれる。目つきが恐い。僕は逃げるように立ち去った。その先で、二人が待っていた。

「小林《シャオリン》、一人で歩くと危ないぞ。巡礼のなかには、物を奪うために人を殺す奴らもいる」

チャシニマが真剣な顔つきで言う。巡礼中に人殺しをする人などいるのだろうか。しかし、巡礼行によって過去だけではなく未来の罪まで清めようとする人もいるらしい。以後、気を引き締める。

昼前に、ル・ワスィラへ到着。今年はカワカブ南面壁がはっきりと見える。昨年、この景色を見なかったアンドゥイとチャシニマは、吸い寄せられるように五体投地を始めた。それまでおしゃべりしていた二人が、突然祈りはじめたことに驚かされる。初めて見る二人の無心の祈りの姿だった。後ろからも巡礼者が次々とやってくる。彼らもカワカブを見つめて、焼香や読経を始めた。

その姿を見ていると、昨年の自分が恥かしく思えてくる。南壁を初めて撮影したと思い得意になったことは、傲慢《ごうまん》なのではないか。この山容は、僕が写真を撮る何百年も前から、カワカブを巡るチベット仏教徒が目にして心を通わせてきたものなのだ。その地に暮らす人々を抜きにして、「世界で初めて」と言うことは慎もうと思った。

その晩、単独の巡礼者が、僕たちのテントの隣に泊まった。病気がちの体を治すため、一人で巡礼を続け三周目になるという。病人が一人で荷を背負って、険しい山道を歩くことが信じられない。彼は、地面に敷いた布団の上で五体投地をしてから、眠りについていた。

一〇日目、ロントンラを通過する。峠では青海省から来た巡礼者が休んでいた。驚いたことに、そのうちの数人はカメラや電子ゲームを持っている。聖山の巡礼とは言っても、やってくるのは普通の人々なのだ。片言の言葉を交わすうちに、彼らは気軽に写真を撮らせてくれるようになった。

一一日目、怒《ヌ》江本流にいたる。昨年は水が茶色く濁っていたが、二〇日遅い今年は青く澄んでいる。それを見て、雨季が明けたことを知った。怒江の両岸には地図にない村がいくつもある。河には人が渡るためのロープが、ところどころに架けられている。

この日は、怒江のほとりに泊まった。天気がいいので、テントをたてず地面にマットを敷いただけで寝ることにする。

うす暗くなったとき、突然一四〜一五歳の少女が二人訪ねてきて驚かされた。対岸の村から農産物を売りにきたのだ。採れたてのザクロや胡桃をかごに入れている。毎日の同じ食事に飽きていたので、喜んで買わせてもらう。二人は商売を終えると、一本のロープ橋に滑車をかけ、紐でぶら下がって、夜の闇に吸い込まれるように消えていった。幻のような不思議な出会いだった。

一二日目、星空を見上げながら起きる。今日は早立ちして、デュケと呼ばれる落石地帯を通過するのだ。そこは白い小石に覆われた三角形の大斜面で、遠くからも

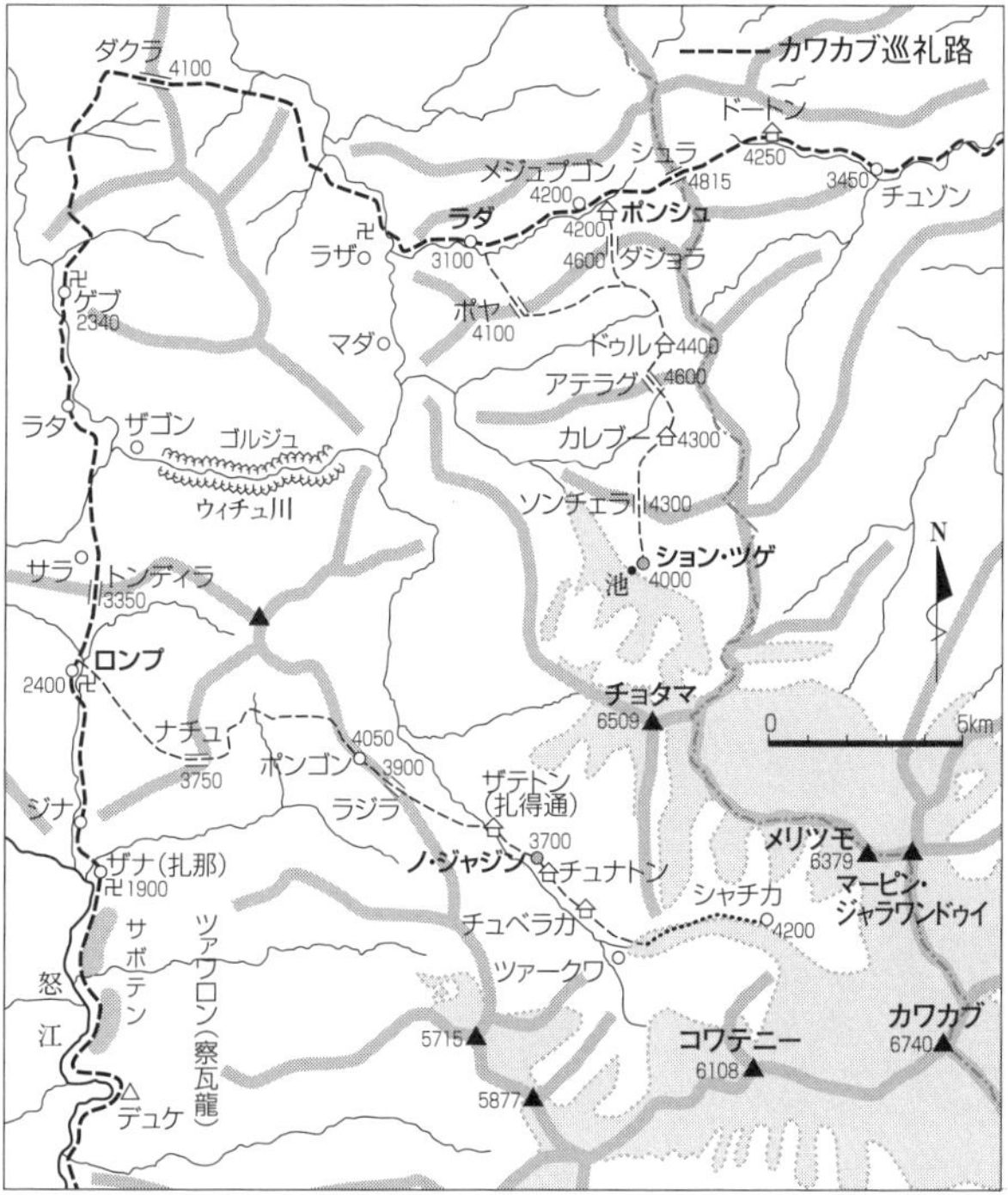
カワカブ巡礼路
ダクラ
4100
ドートン
シュラ
4250
メジュプゴン
4815
3450
チュゾン
4200
ラダ
ポンシュ
4200
ラザ
3100
4600
ダジョラ
ゲブ
2340
ポヤ
4100
マダ
ドゥル
4400
アテラグ
4600
ラタ
ザゴン
ゴルジュ
カレブー
4300
ウィチュ川
ソンチェラ
4300
N
サラ
トンディラ
ション・ツゲ
池
4000
3350
ロンプ
2400
チョタマ
ナチュ
6509
0
5km
4050
ポンゴン
3900
3750
ザテトン
(扎得通)
ジナ
ラジラ
3700
メリツモ
ザナ(扎那)
ノ・ジャジン
チュナトン
6379
1900
マーピン・
ジャラワンドゥイ
シャチカ
サボテン
ツァワロン(察瓦龍)
チュベラカ
4200
ツァークワ
怒江
カワカブ
5715
コワテニー
6740
6108
デュケ
5877

よく目立つ。カワカブの伝説にも関係ある所らしい。今年は落石が多く、何度か事故があったという。僕たちは日の当たる前に通過して事なきを得た。

その後、サボテン地帯を通過して、一年ぶりのロンプ村にいたる。今年も雨崩《ユイポン》出身のアジャー（お婆さん）の家に泊めてもらうことになった。大麦の醸造酒チョンと、焼きトウモロコシをご馳走になる。なつかしいツァワロン（暑い低地）の味がした。

ジャジンの氷河へ

一三日目、快晴となる。いよいよ昨年の雪辱を期して、ジャジンへ向かう。前回と同じロンプ村の女タージュインと、アンドゥイに同行してもらう。

正午前に、ナチュ峠手前の小屋へいたる。昨年美しかった黄葉は、すでに終わっていた。空は晴れ渡り、雲ひとつない。出発の時期を遅らせた成果だった。峠の直前で立ち止まり、呼吸を整えた。

峠の最高所を越えると、眼前に夢にまで見た光景が広がった。正面にチョタマ峰

（六五〇九メートル）がどっかりと鎮座し、右手に五〇〇〇メートル級の前衛峰が横たわる。その奥に護《まも》られるようにして、純白のカワカブがのぞいていた。

「アッラソロー！」

祈りの言葉が、自然に口からもれる。この一年間、カワカブを思い続けた気持ちが報われたのだ。

カワカブの北西面は下部を岩壁に囲まれ、頂上付近は巨大な雪庇に覆われていた。双眼鏡をのぞいたアンドゥイは、「帽子を被っているようだ」と感嘆の声を上げた。僕はひそかに登山ルートを探していた。

さらに歩を進め、ジャジン村へ続く斜面を下ってゆく。ジャジンは、一年前と変わらずひっそりとたたずんでいた。前回と同じ家に入る。子どもたちは昨年と同じ硬い表情で、僕を見つめた。

前回撮った村の写真を、主人のジェドゥに手渡す。子どもたちが興味を示して、それをのぞきこむ。そのときだった。写真を見た子どもたちが、初めてほほ笑んだのだ。写っているものを指さして、チベット語で話しかけてくる子もいる。僕も身ぶり手ぶりで説明する。子どもたちとの垣根が消えてゆく。思いをこめて持ってきた写真が、子どもたちと心を通わせてくれた。

夕食をいただいた後、ジェドゥに明日の相談をする。カワカブを間近で見るために、上流の氷河へ行きたいことを伝える。相談の仕方は、僕が漢語で話し、アンドゥイに通訳してもらうというもの。ジャジンの人々はチベット語しか話さないので、これ以外に方法はない。漢語同士でさえままならないのに、このやり方では互いに必要最低限のことしか伝えあえなかった。

ジェドゥは困った顔をして、

「外から来た人間を、氷河の奥に入れてはいけない」というような意味のことを言った。

落石や雪崩の危険があるかららしい。彼の表情を見ると、もっと別の理由もありそうだった。写真を撮るだけということを説明し、何とか同行してもらえることになる。

ジャジンの二日目、曇りのち晴れ。氷河に沿った小尾根上の道をゆく。だが、一時間歩いてカワカブが見えはじめたところで、道は行き止まりになってしまった。昨年、僕が一人で達したところよりも手前だ。ジェドゥがこの道を選んだのは、外人を山に近づけさせたくないためだろうか。

ジャジン三日目、快晴。もう一度氷河を目ざす。今日はジェドゥにあらかじめ頼んで、氷河上の道を行ってもらう。急な明永氷河と違い、傾斜の緩い氷河がカワカブに向かって続いている。獣道をたどり、人間の痕跡のほとんどない地へと入ってゆく。まるで、越えてはいけない結界を越えるようだ。四方から山に見つめられている気がする。それとともに、カワカブを崇拝する大勢の人間の存在を感じる。

〝カワカブに登るということは、山を信じる人と敵対し、その信念を踏みにじることではないか〟

登山ルートを探そうとする自分に、罪悪感を覚えてゆく。

岩壁の基部にたつ小屋まで行き、昼食をとった。そこは、むかし僧侶が修行した場所らしい。小屋の正面には、カワカブの一部が見えていた。

「道はここまでだ」と言うジェドゥにさらに頼んで、奥へ進む。側壁から落石があり緊張する。上部に氷河の懸かる谷の手前で、ジェドゥは立ち止まった。「シャチカ」と呼ばれる場所だ。彼は、氷河を見上げながら言った。

「これ以上は進めない」

たしかにその先に踏み跡は見つからない。僕はもう納得していた。氷河の奥に鎮まるカワカブは、ほぼ全容を見せていた。

〝それ以上近づいてはいけない〟

山がそう警告を発しているような気がした。

山深いジャジンの最奥に位置し、岩壁に守られたその姿は、信仰心のない者にも畏敬の念を感じさせた。撮影を終えてその場所を去るとき、僕のなかで何かが変わろうとしていた。

〝この山に登ってはいけない〟

そう思いはじめていた。

ジャジン四日目、今日も快晴だ。子どもたちに、村のなかの四軒の家を案内してもらう。

隣の二軒では、むかし日本でも見られた唐棹《からさお》で、大麦の脱穀をしていた。働いている村人のうち、半分以上は子どもである。この村では、一家族に六〜八人の子どもがいるという。案内してくれているジェドゥ家の子どもたちも六人兄弟だ。中国の一人っ子政策など、ここでは関係ないようだ。

もう一軒の家へ行き、なかに入れてもらう。家の内部は、ジェドゥ家と同じように狭く暗い。家具はほとんどない。チョンを出してくれた女性の頬は、霜焼けのため茶色く変色していた。生活の厳しさが感じられた。

〝なぜこの人たちはここに住んでいるのだろう。怒江の河岸まで下れば、暖かく豊かな土地があるのに〟

そんな疑問が自然とわいてくる。家のお爺さんにそれを尋ねると、こんなことを言った。

「わしらはここで生まれてここで育ったんじゃ。ここがわしらの居場所なんじゃ」

その答えに、僕はうなずいていた。ジャジンはカワカブに最も近い村である。この土地に暮らすことは、何か特別の意味があるのかも知れない。

もう一つお爺さんに尋ねてみる。

「ジャジンがいちばん美しいのはいつ？」

「秋もいいが、夏の前に緑が芽吹いて花がいっせいに咲くころが、わしはいちばん好きじゃ」

ぜひその季節を見てみたいものだ。勧めてくれたチョンを一杯だけいただいて、お爺さんの家を出た。

ジャジン五日目、晴れのち曇り。今日は、ロンプ村に帰る日である。朝焼けのカワカブを撮影したあと、子どもたちに見送られてジャジンを離れる。昨年胸につかえたわだかまりが、とけるような気がしていた。言葉は通じなくても、人を思い続けることで伝わるものがあると思った。

峠へ登る途中も、名残惜しさで何度もうしろを振り返る。シュラの降雪を心配するアンドゥイに、引かれるようにして足を速めた。

故郷の谷

巡礼一八日目、トウモロコシの刈りとりが終わって、屋根が黄色く染まったロンプ村を発つ。すでに一一月の中旬である。

トンディラ峠で、永久村から来た二八人の巡礼者に出会った。リーダー格の男に、ドケラ越えのことを話すと、「お前が小林《シャオリン》か！」と言われ、「まあ飲め」と酒《アラ》の入った瓶を渡される。雲南側のチベット人は、雰囲気や身なりが明永村の人と同じで親しみやすい。巡礼中、煙草はダメだが酒はかまわないと言う。その日は、ふらつく足取りで歩く羽目になった。

この日はゲブ村に泊まる。そこには、昼間会った永久村の一行と、チベット東部の昌都《チャンドゥー》（チャムド）から来た一行が別々に休んでいた。

彼らは同じチベット族のカムパ人（カム地方の人）だが、異なる雰囲気をもっている。雲南省側に暮らす永久の人々は洋服を着て、チベット語と漢語を両方話す人が多い。一方、チベット自治区に住む昌都の人々は、民族衣装を着てチベット語しか話さない人が多い。雲南側の人は自治区に住む人を「アチュ」と呼んで、自分たちとは区別する。おそらく逆も同じだろう。中国とチベットの政治的関係の狭間で、一つの民族が否応なく分断されている姿があった。

一九日目、曇り。今日は長丁場のため、朝五時半に出発。

山の斜面を一八〇〇メートル登り続けてダクラ峠（四一〇〇メートル）を越え、一度標高二八〇〇メートルの谷底まで下りる。さらに登り返して、午後四時にラダ村着。昨年はここまで一二時間かかったが、今年は二時間早い。

「雲ゆきが怪しいので、今日は夜通し歩いてシュラを越えよう」などと、冗談とも本気ともつかないことを二人は言っている。たしかにドケラの撤退で遅れたので、ここで雪につかまるとそのまま冬になってしまう可能性がある。だが、僕だけでなく二人もかなり消耗しているはずだ。

しかし、二人は進みはじめた。昨年のテント場を越えて、その先を本当に登りはじめたときには唖然とした。突然、ファーミーが、手綱を振りきって下ろうとする。ラバでさえもう登るのが嫌なのだ。

午後六時半、シュラが見えるところまでたどりつく。出発から一三時間がたつ。人間もラバももうフラフラだ。チャシニマが一人遅れている。すぐに悪天はきそうにないので、道端にテントを張り、泊まることにした。標高は四二〇〇メートル、テントの入り口から雲海を見下ろせた。

翌朝まだ暗いうちに、永久の一行が通り過ぎてゆく。空のところどころに星が見えた。天気は何とかもちそうだ。

冷えこむ朝となった。こんな朝は熱いバター茶が体に染みわたる。蜂蜜をつけたツァンパも力を奮い立たせてくれる。その土地で産まれた食べ物を心からうまいと感じるとき、その地に受け入れられた思いがする。

しっかり食事をして出発。一時間半の登りで、標高四八一五メートルのシュラ峠に到着。付近の雪は昨年より少ない。冷たい風が吹いている。

昨年、ラサから来た僧侶に、シュラで長居をしてはいけないと言われた。その言葉の意味が、今はわかるような気がする。それは、聖山の掟《おきて》であるとともに、山に生きる民の教訓のようなものではないか。シュラは巡礼路の最高所である。標高の高い所にとどまることは、天候の急変や高山病などの恐れがあり、それだけで危険なのだ。

今年は長居をせず早めに下る。僕たちは故郷の谷を目ざして下りはじめた。

二一日目、なじみの谷、瀾滄江をゆく。水の色は、出発時の赤茶色から青緑へと変わっていた。ずいぶん時間がたったのだ。ラバに積んだ荷が河に落ちないか、いまだに心配している自分がおかしい。

二二日、斯農《スノン》（スロン）村を通過し、最後の登りを踏みしめてツヤヤカ峠に出る。もうこの先に登り坂はなかった。

「アッラソロー！」

三人で歓喜の言葉を叫んだ。昨年とは違う充実感を、僕は感じていた。行く手に、晩秋の色に染まった明永村が現れる。チャシニマがにやりと笑いながらつぶやいた。

「やっぱり明永村が最高だろ?」

アンドゥイがうなずく。

目の前に見慣れた形のカワカブが見える。二度の巡礼を歩いて、カワカブがすこし近づいたように思えた。

春　二人の死

桃の里

「春の明永《ミンヨン》村は、桃の花で一杯になるのよ。本当にきれいだから、一度見にきて」

村長の妻のヨンゾンから、何度もそう聞いていた。

二〇〇一年の三月半ば、冬の寒さが残る徳欽《デーチン》に到着する。桃の花は今が見ごろだというので、その日のうちに明永村へ向かうことにした。日本を発ってから二日目のことだ。

瀾滄江の谷へ下りてゆくと、川沿いの村に桃色の点がいくつも見えはじめた。桃の花だ！　桃の木は他の季節には目立たないので、こんなに多いのかと驚くほどだった。

村に到着した翌朝、さっそく桃の木の生える麦畑を見にゆく。畑のあいだの小道に沿って、何十本もの桃が植えられていた。畑では、初冬にまかれた大麦が背丈二〇～三〇センチに生長し、黄緑色に輝いている。それ以外は茶褐色の多い風景のなかで、桃色の花だけが浮かび上がって見えた。今がちょうど満開のようだ。淡い色の花がふんわりと咲くさまは、異国の地とは思えないなつかしさを感じさせる。柔らかな光を浴びながら麦畑を歩いていると、静かな感動が湧き上がってくる。それは、草木の匂いや季節の足音など、それまで忘れかけていたものが体に染み渡ってくるからだろう。

ここは、聖山の麓にひっそりと息づく桃の里。それからの一週間、飽きることなく花の撮影をしながら過ごした。

＊

桃の花が満開を過ぎたころ、チャシ兄弟の三男・馬経武《マーチンウ》の家を訪ねた。その家には馬経武夫婦と子ども二人、そして妻の両親、あわせて六人が暮らしている。

チベット人の「馬経武」が漢人風の名前をもつのは、彼が文化大革命（一九六六年〜一九七七年）の始まった年に生まれて、チベット語での命名を禁止されたためらしい。チャシ兄弟の五人のうち、長男チャシ（六二年生まれ）と次男チャシニマ（六五年生まれ）はチベット語の名を持つが、一九六六年以後に生まれた残りの三人は漢語の名前だけを持つ。

厳格なチャシ一家に比べると、馬経武の家には子どもがのびのびとできる雰囲気があった。それは、妻の両親であるリーゼン爺さんとツリラム婆さんの気質によるのだろう。その五〇歳になるお婆さんが病気で寝こんでいるという。

「アジャー（お婆さん）、また来たよ」

ベッドに横たわるお婆さんへ話しかけると、わずかにほほ笑んでくれた。その顔は土気色で、首の側部が大きく腫れている。甲状腺の病気だろうか。話を交わすのは苦しそうなので、あいさつだけして寝室を出た。

リーゼン爺さんが酒《アラ》を飲んでゆけというので、「じゃあ一杯だけ」と答えて居間に座る。馬経武は留守だったが、奥さんのシュンイが酒《アラ》を注いでくれた。

シュンイ（二九歳）は、初めて村に滞在した年、遺体捜索用の荷物を運んでくれた村人の一人だ。かわいい娘だなと思っていたら、実は村長の弟の妻で、二児の母だと知って驚いたことがある。

彼女の二人の娘も、間もなく小学校から帰ってくる。お婆さんが寝たきりになって、二人はいつもより元気がない。九歳になる妹のツリチートイは、お婆さんからチベット舞踊を習っていたのでなおさらだろう。

「もう一カ月以上寝たきりなんだ」

リーゼン爺さんが肩を落としてつぶやいた。病院からもらった薬はほとんど効かないという。いくつかの病院を回ったが、治る見こみは少ないと言われ、自宅へもどってきたらしい。

「親戚からずいぶん借金をしてしまった。いまは、わしも馬経武も煙草をやめて倹約しているよ」

爺さんの寂しそうな言葉を聞いて、シュンイと娘たちが顔を見合わせる。

「アジャーはきっとよくなるよね！」

一〇歳になる姉のツリジマの声が、優しく響いた。この家の雰囲気は変わっていなかった。

＊

三月も終わりになると、真っ白な梨の花が咲きはじめる。胡桃の新緑や、黄色い菜の花がまぶしい。麦畑からは、若芽を間引く女たちのおしゃべり声が聞こえてくる。

ある日、花の撮影からもどると、馬経武が待っていた。

「うちの義母《かあ》さんの具合が悪いんだ。何かいい薬を持ってないか」

「えっ、急にそう言われてもなあ」

僕は困ったあげく、日本の友人の医者に国際電話をかけた。手持ちの薬のうち、どれを使ったらいいか相談する。彼のアドバイスを聞いたのち、いくつかの薬を持ってリーゼン家を訪ねる。爺さんが落ち着かない様子でベッドの上に座っていた。

「おお、小林《シャオリン》か。ツリラムが三日前から歩けなくなってしまった。自分でトイレに行くこともできないんだ」

爺さんが弱々しく言う。

お婆さんの喉の腫れは大きくなっている。呼吸をするのも苦しそうだ。下《しも》の世話はリーゼン爺さんがしているらしい。効き目のあることを祈りながら、薬を手渡した。

翌々日、馬経武が再びやってくる。

「あの薬を飲んでから腫れが小さくなったみたいだ。もう少し分けてくれないか」

「本当か！　日本の薬は効くんだなあ」

僕は嬉しくなって薬を多めに渡した。

数日後、森のなかで赤紫色の石楠花が咲きはじめた。子どもたちが石楠花の花飾りで遊ぶ姿を見ながら、リーゼン家へ向かう。

お婆さんがよくなっていることを期待するが、容態は変わらず寝たきりのままだった。薬が日数分減っていないので理由を尋ねると、「効かなくなったからだ」とリーゼン爺さんは言う。飲み続けることで効果のある薬だと説明するが、爺さんは力なくうなずくだけである。

「もうほとんど食べることができないんだ。命の危険が迫っているかもしれない」

爺さんはうつむいたまま言った。僕がいるあいだに、お婆さんはたった一度目を開けたが、うつろに天井を見つめるだけだった。それが、お婆さんの姿を見た最後になった。

リーゼン家の居間では、チベットから来た高僧がお経を上げていた。高僧はうす暗いなかで、法衣の懐から出した粉を古ぼけたビンにいれ、なかの液体とまぜ合わせる。その液体に呪文をとなえ、まじないのように息を吹きかけた。リーゼン爺さんはその薬をありがたく受けとって、寝室に運んでいった。

それは、目を疑うような光景だった。僕の理解を超えるチベットの風習を、垣間見たような気がした。

＊

四月に入ると、村の主役は林檎の花に代わる。白に桃色のすじが入ったかわいらしい花だ。

この時季は、子どもたちが山に入って何か採ってくる姿をよく目にした。村長の息子のディディーに聞くと、それは「ゴーゴー」と呼ばれるキノコだという。この季節に鳴きはじめるカッコウの鳴き声から名づけられたらしい。日本の編笠茸《あみがさたけ》に似ている。

ゴーゴーを食べるときは、こってりした油炒めにする。かむと、油や唐辛子にまけず豊潤な香りが口一杯に広がる。この土地の春の味なのだろう。中華料理やフランス料理で重宝されるため、現金収入にもなるらしい。

ゴーゴーの他にも、春には様々な山菜が採れる。竹の子のような形の「ザトン」はほろ苦い味だ。「ムアイ」と呼ばれる木耳《きくらげ》もある。農作業の忙しい日には、畑から「スィチャ」と呼ばれる刺草《いらくさ》を摘んでくる。村には菜園でつくった野菜もあるし、街ではさまざまな食材を買えるが、この時季にそれらが食卓に上がることは少ない。

山が育てた旬の味の方がうまいのだ。

ある日の夕方、チャシ家でいつものように食前の酒《アラ》を飲んでいると、突然、近所の子どもが部屋に走りこんできた。その子はチベット語で何か叫んだ。

一瞬、アニー（お爺さん）は動きを止めた。アジャーは「アアー」と力のない声を上げる。子どもが足音をたてて立ち去ったあとにチャシが言った。

「リーゼン家のアジャーが亡くなった」

「えっ！」

突然の知らせに驚く。男たちはすぐに動く様子はない。アジャーがリーゼン家を訪ねるというので、一緒に行くことにする。

家の前まで来ると、女性や子どもが号泣する声が響いてきた。あらん限りの声を上げて泣き叫んでいる。それは、シュンイや二人の娘の声だった。

家のなかには大勢の村人が集まっているようだ。アジャーも足早に入ってゆく。しかし、僕はそれ以上ついて行くことができなかった。ツリラム婆さんに別れを言いたかったが、よそ者が入っていいのかどうかわからない。狂ったような泣き声を聞きながら、塀の外で立ち尽くすしかなかった。

その晩、チャシが自分たちの死生観について話してくれた。

「俺たちチベット人は輪廻転生を信じている。あのアジャーの魂は、これから四九日間地上をさまよったあとに生まれ変わる。普通に生きている人は、人間に生まれ変わることはできない。虫や動物になる。厳しい修行をつんだ者だけが、人間に生まれ変わるんだ」

夜遅く、チャシはお通夜にでかけていった。

真夜中に、お通夜をぬけだした男たちの声が聞こえてくる。酒を飲んでいるようだ。子どもたちの声も聞こえる。お通夜は一晩中続いた。チャシは早朝帰ってきた。

翌朝、リーゼン家を訪ねると、親戚の男たちが集まって木の棺《ひつぎ》を作っていた。女たちは、葬式用の酒《アラ》や小麦粉を持って集まってくる。

昼から、遺体の搬送が始まった。棺に赤い毛布がかけられ、男たちが担いでゆく。棺が通ったあとには、等間隔に火がたかれた。煙が天に昇ることに意味があるという。

墓地は、村はずれの目立たない場所に作られていた。やぶを払った狭い土地に、小さく盛り土されただけの墓が一〇基ほどならぶ。墓の周りには白い祈禱の旗がたつ。男たちは、すでに掘られていた穴に棺を降ろした。

カワカブの周辺では、人が死ぬとまず土葬にし、数年後に火葬しなおすという。この辺りには燃料となる木は多いが、チベット人は肉を燃やすことを忌み嫌う。そのため、すぐに火葬はしないのだろう。ラサ周辺では今でも鳥葬が一般的だが、この辺りにはハゲワシが少ないので鳥葬は行なわれない。特別な場合には、水葬が行なわれることもあると聞く。

男たちは、土と小石と泥を順々に重ねて棺を埋め、最後に花をのせた。人が亡くなってから埋葬するまで、すべて自分たちの手で行なった。

リーゼン家にもどると、近隣の村から知人や親戚が集まっていた。男たちは屋上で車座になり、談笑しながら食事を始める。悲壮感はそれほどなかった。

「これは、死んだアジャーと一緒にする最後の食事。食欲がなくてもすこしは食べなくてはいけない。新しい生まれ変わりを祝福するんだ」

チャシがそう教えてくれた。

女たちは一階に集まって、「オムマニペメフム」という祈りの言葉に物悲しい旋律をつけて歌いだした。厳かな歌声だ。哀悼の意をこめて僕もその歌に参加したら、知り合いのお婆さんから笑われてしまった。大真面目のつもりだが、発音がおかしかったのだろうか。男が歌うものではなかったのかも知れない。その後、隣村の寺から来た僧侶が読経を始めた。

このような集まりが、初七日まで毎晩続く。その後は、一週間ごとに四九日まで法要を行なうという。チベット仏教と日本の仏教は表面的にはずいぶん違うが、法事の間隔は同じなのだ。

晩にもう一度リーゼン家を訪ねる。爺さんに会って声をかけたかった。すっかり元気をなくした爺さんに、煙草を贈った。

「アニー、大変だったね……」

そう声をかけると、憔悴した顔をあげてくれる。

「ツリラムはいなくなってしまった。わしは近いうちにラサへ巡礼に行こうと思う。もし小林《シャオリン》が行く機会があったら一緒に行こう」

爺さんの静かな言葉に、僕はうなずいていた。

ツリラム婆さんが亡くなってから三日後の朝、チャシ家のアジャーが卵を一抱え持ってでかける姿を目にした。前日から降り続く雨で、林檎の花がしっとりとぬれている。何だろうと思ってついてゆくと、同じように卵を抱えたお婆さんたちと集って一軒の家へ入っていった。その家の病人を見舞うらしい。

寝こんでいるのはツリラム婆さんの母だと聞いて耳を疑った。そのお婆さんなら、一〇日前に元気な姿を撮らせてもらったばかりだ。僕に会うと、必ずおどけてみせるウジェンチツ婆さん。娘が先立ったことを悲しんで、体調を崩してしまったらしい。彼女の七三歳という年齢が心配だった。

その日の午後は、厄払いの儀式を行なうという家を訪ねる。僧侶と村の長老が一緒にお経を唱えていた。時おり太鼓やラッパを鳴らし、大麦の実を天に投げる。ツァンパとバターで作られた小さな塔をお供えする様子は、葬式のときに似ていた。こういう宗教儀式の意味がわかれば、この土地への理解がどんなに深まるかと思うが、それを聞きとる語学力がないのが悔しい。

儀式が始まって数時間たつころ、村の男が慌しく部屋へ入ってきた。男は僧侶を見つけると、早口で何か言った。たったいま、ウジェンチツ婆さんが亡くなったらしい！

信じられない。お婆さんは娘のあとを追うようにして逝ってしまったのだ。短い会話のあと、僧侶は読経を中断してでかける準備を始めた。

僧侶とともにその家へ向かう。彼は門をくぐり中へ入っていった。僕は戸口の前で立ち止まり、進むべきかどうか躊躇する。村人たちは、僕の姿を見たらどう思うだろうか。しかし、今回は思いきって足を踏みいれた。お婆さんに一言お別れを言いたかった。

一室に入ると、隅から女たちの泣き声が聞こえてくる。奥の暗がりに、お婆さんらしき人が横たわっていた。僧侶が読経の準備をするあいだも、あちこちからすすり泣く声が聞こえる。集まっている人の多くが知り合いだが、誰も僕に声をかけない。それが恐ろしくなって、逃げるように家を出た。

そのとき、最近忘れかけていたものを思いだした。それは「外国人」と呼ばれていたころに、村人とのあいだに立ちはだかっていた壁。訪問を重ね、村で過ごす時間が長くなるにつれて、その壁は感じられなくなり、村中の家に出入りできるようになっていた。しかし、人の死という厳粛な場面には、立ち入ることができなかった。その土地で一生をおくる人と、そこに責任をもたない旅人との違いを、改めて突きつけられた。

夕方、チャシにお通夜のことを尋ねると、彼は間を置いてから言った。

「小林《シャオリン》、あの家の葬儀には行かない方がいい。リーゼン家と違ってうちの親戚でもない家だ。彼らは喜んでいない」

その言葉にハッとする。いつの間にか、村人の心に甘えていたことに気づく。

〝人間関係において守るべき礼儀や思いやりは、遠く離れた地でも変わらない。たとえ短いつき合いでも、それを無視してはいけない〟

チャシの言葉は、そんなことを暗示していた。

夕方上がった雨が再び降りはじめていた。

＊

カワカブを訪ねた二年のあいだに、何人の死と出合っただろう。

初めて葬儀を見たスナツリの祖父、自ら遺影の撮影を頼みにきたヨンゾンの母、出産に失敗した村の娘とお腹の子ども、車ごと谷底へ転落した隣村の男、二人のお婆さん……、まだ他にもいる。

これほど多くの死に遭ったのは、単なる偶然ではないように思う。大自然のなかで生きる人にとって、死は私たちが考えるよりもずっと身近なものではないか。それゆえに彼らは生を実感し、一所懸命生きるのだろう。村人たちの底ぬけに明るい笑顔が、そう語っていた。

その後、チャシとともに氷河の捜索へ上がった。冬の雪が少なかったせいか、氷河の高さは低く、草花の開花が早い。森のなかには石楠花が咲いている。

現場の氷河を見渡したのち、崩れかけた氷塊に乗りうつった。薄氷を踏む思いで、昨年の発見現場へ向かう。一帯を捜すが、そこには何もなかった。昨年心配したとおり、今年は遺品がアイスフォールに入ってしまったのだろうか。なかばあきらめながら捜索していると、アイスフォールの始まる直前で破れた羽毛服を発見する。昨年の場所から、一五〇メートルほど下流である。辺りにはクレバスが多く恐い。周囲を捜すと、衣服に包まれた遺骨が見つかった。衣服に記名がないので、身元はわからない。

さらに下流へ行く。しばらく下ると、大きなクレバスが現れて進めなくなる。すでに、落差五〇〇メートルのアイスフォールの落ち口に踏みこんでいるのだ。

アイスフォールとは、文字通り氷の滝である。そこでは、重力と摩擦によって氷河がずたずたに切りさかれ、大きな氷塊が今にも崩れそうに積み重なる。不用意に歩きまわることは危険だ。

クレバスの先にテントの切れ端が見えたが、クレバスを越えられず回収できなかった。遺品の大半は、アイスフォールのなかに入ったのだ。数時間の捜索ののち、岸に無事もどったときには安堵のため息が出た。

この日見つかった遺骨は、後日身元が判明する。それは、別の部位がすでに発見されている隊員だった。

僕は自問することがある。

なぜ「彼ら」に出会ったのだろう、と。死に別れる運命ならば、彼らと知り合うことに何の意味があったのか。その問いは、今も消えない。だが、友の亡骸を目にし、同時にチベット人の輪廻転生という死生観を知って、別の思いを抱くようにもなる。

死を超えて、命が続いてゆくことがあるかも知れない。

身近にいた人の言葉や生きぬいた姿勢に、影響を受け続けることはないだろうか。困難に出あったとき、心のなかで生きている誰かに問いかけることはないか。それも、命が続くという意味の一つではないのか。

僕自身、梅里雪山に逝った友の意志を継ぐ一人でありたい。死の悲しみは決して消えることはないが、そこから始まる生があることをカワカブは教えていた。

＊

二回の葬式のあと、カワカブの写真を撮るため明永村を離れた。本当は自分の心に生じた甘えが、恥ずかしくなったからかも知れない。

二週間後に明永へもどると、林檎の花は散って、胡桃の新緑が濃い緑に変わっていた。すでに四月の終わりである。麦には穂が出はじめ、畑の小道に紫の菖蒲《あやめ》や黄色の牡丹《ぼたん》が咲いている。

この時季にどうしても見ておきたいものがあった。それは二人のお婆さんの墓。今回は甘えではなく、写真を撮る者としての信念があった。今残さなければならないものがあると思っていた。

村はずれの墓地へと続く小道をたどる。辺りはすっかり草木に覆われている。しばらく、標高が高く寒い村に滞在していたので、この村の緑が新鮮だ。季節が一気に進んだように見える。途中で、紫色の花を持つ子どもに会った。墓地の近くで遊んでいたのだ。想像する景色に出あえるだろうか。

最後の角を曲がって、行く手をさえぎる枝をのける。その先に広がる光景を見て、思わず声を上げそうになった。

墓地をとり囲むように、菖蒲の花が咲いていたのだ！　百以上の花が開いている。この菖蒲は元々ここに生えていたものではない。村人が畑から移植したものだ。

墓地の片隅を、息をひそめて僕は見つめた。そこには新しい墓が二つならび、二人のお婆さんが愛用した杖が供えられていた。ひっそりとした墓地に、死を祝福するような不思議な生命感がただよっていた。

第四章　森と氷河を巡る

松茸の香り

カワカブの夏は雨の季節。

インド洋から吹きつける季節風《モンスーン》が横断山脈にぶつかり、大量の雨を降らせる。六月から一〇月まで、山の雲が消えることはほとんどない。その間、苔むした森にさまざまなキノコが顔を出すが、そのなかに私たちにも身近なキノコがあることはあまり知られていない。松茸がカワカブの森に生えるのだ。そのほとんどが日本へ出荷されているという。

二〇〇一年の夏、自生する松茸を見るために明永《ミンヨン》村を僕は訪ねていた。

「俺のとっておきの場所に連れていってやる。村長になる前は、毎日のように松茸を探しに行ったものさ」

チャシが自信をもって言った。

初めて村に滞在した年は、同行を頼んでも危ないという理由で断られていた。三年目になるこの年、ようやく実現することになったのだ。

八月中旬の今にも雨が降りだしそうな朝、チャシと二人で山へ入ってゆく。

「急な道を行くぞ。しっかりついてこいよ」

彼はそう言うと、踏みあとを外れて斜面を登りはじめた。いつの間にか雨が降りだすが気にする様子はない。

行く手にぬれた岩場が現れる。足もとが滑りそうで怖い。

「気をつけろ！」

先に登ったチャシが、岩の上から叫ぶ。

「わかってるよ。それにしても、もうすこしまともな道はないのか？」

そう叫びながら足もとを見下ろすと、はるか下に氷河がかすんで見えた。手がかりにした岩角に、黄色い可憐な花が咲いている。

その岩場を越えたところで、チャシは木の根元に立ち止まって何かを探しはじめた。

「あったぞ！」

彼はニヤリとしながら振り返る。落ち葉の下から、小さな松茸が顔をのぞかせていた。

初めて見る自生した松茸。鼻を近づけるとあの独特の芳香がただよった。チャシが根元に指を差しこんでていねいに掘りだすと、傘の開いていない形のよいキノコが現れる。それは紛れもない松茸だった。

雨の降るなか、僕は夢中で写真を撮る。それを見ていた彼は呆れた顔でつぶやいた。

「日本人はどうして松茸だけを欲しがるんだ？　この森には松茸よりおいしいキノコがたくさんあるのに」

心底不思議なようだ。松茸よりも春に採れる編笠茸《ゴーゴー》の方が、チャシはうまいと言う。

実際、なぜ松茸は特別なのだろう。香りや歯ざわりが日本料理にあうことが大きな理由だが、希少であることも一つの要因だろう。

松茸は、樹冠が適当に空いて落ち葉の少ない環境を好む。そのような環境は、人間が森を利用することで作られてきたという。日本の松茸が少なくなったのは、森が放置されるようになったことと無関係ではない。

その後も急斜面を歩きまわって、僕たちは両手一杯の松茸を採った。

晩に、念願の焼き松茸を食べる。チャシ家の囲炉裏で焼いていると、アニー（お爺さん）とアジャー（お婆さん）が心配そうに見つめていた。このあたりの人々は、松茸に毒をもつ虫がつくと信じていて、毒消しの山椒をふって、油でしっかり炒めてから食べるのだ。焼いただけでは毒は消えないという。だが、これでは松茸の風味は台なしになってしまう。

炭火にかざした松茸を見守りながら、僕はチャシに尋ねた。

「松茸をもっとたくさん見るには、どこへ行けばいいだろう？」

最近の明永村では、松茸狩りをする人は少なくなっている。

「それなら雨崩《ユイポン》村はどうだ。あそこは山が広いからたくさん採れるぞ。探す人も多いはずだ」

その答えを聞いて、雨崩村へ向かうことをすぐに決めた。その村には他にも訪ねたい場所がある。長い滞在になりそうな予感がした。

松茸がいい具合に焼けている。アジャーの視線を感じながら、あつあつの松茸をかみしめると、ジュワッと熱い汁があふれでた。松茸の豊かな香りが口いっぱいに広がる。「うまいのか？」というチャシの問いかけに、満面の笑みを返した。

最奥の村へ

雨崩村は、カワカブの東面で最も奥まった村である。標高三二〇〇メートルの地に、約一五〇人が暮らしている。雨崩へ行くには、西当《シータン》村の車道終点から、四〇〇〇メートル近い峠を越えて丸一日歩かなければならない。

この村に入ると、土地の持つ力を感じる。何度も通ううちに、そう思うようになった。周囲をメツモやジャワリンガなど多くの高峰に囲まれ、山の神々から常に見られているようなのだ。いくつもの氷河と険しい地形、そして多くの聖地の存在がその思いを強くさせた。

雨崩村は、チベット語で「シュ・レボン」と呼ばれる。「シュ」は「東」を意味し、「レボン」が村の名前を表す。村の中央に天から舞い下りたとされる巨岩があり、その岩の名が村名の由来である。カワカブの四方には四つの聖地があるというが、雨崩はその一つだった。

この村を最初に僕が訪れたのは、一九九六年の梅里雪山・第三次登山隊のときである。その入山時、登山に反対する村人によって、五日間村に足止めされる出来事があった。登頂をあきらめて下山するときも、この村に一泊した。

それから四年後、登山後に初めて雨崩村を訪ねたとき、一人の村人と思いがけない再会をした。村の宿泊にと紹介された家の主人は、驚いたことに僕をよく知っているというのだ。そういえば登山隊が下山するとき、足の悪い男にストックをやったことがあった。

ティンルと名乗る家の主人は、足を引きずりながら、「まだ持っているんだ」と言って、見覚えのあるストックを見せてくれた。その表面には無数の傷が刻まれていた。彼がストックと過ごした長い時間が伝わってくるようだった。

*

夏の雨崩村は、したたるような緑に覆われていた。畑の麦穂は黄金色に輝いて、収穫の時季を迎えている。

この村は谷の上流にある上村と、下流にある下村に分かれている。上村に入ると、畑からエンジンの音が響いてきた。驚いて振り返ると、知人のスナトゥルがトラクターを運転する姿が飛びこんでくる。

「そこの日本人は小林《シャオリン》じゃないか！　いつ来たんだ？」

「いま着いたばかりだよ。そのトラクターは一体どうしたのさ？」

「中古のを安く買ったんだ。それよりバター茶を飲みにこいよ。うちに泊まるんだろ？」

その言葉を聞いて嬉しくなった。春に会ったとき、「次来るときはうちに泊まれよ」と言ったことを彼は覚えてくれていたのだ。慣れない村に滞在するとき、どの家に泊めてもらうかは、のちの行動に大きく影響する。三六歳のスナトゥルは外国人に対しても飾ることがなく、気が利いて頼もしい男だった。

スナトゥル家は七人家族。民宿として改築された部屋に泊めてもらう。この日から一カ月間、彼の家を起点にして、いくつもの旅にでかけることになった。

スナトゥルの弟のアヤは三四歳。兄と比べると体が小さく、気の弱そうな顔をしている。が、山ではやはり頼もしい男だ。彼が松茸狩りへ案内してくれることになる。村に着いた翌日、さっそくアヤと二人でサルオガセの絡みつく森へ入っていった。

カワカブ周辺の松茸は、標高三〇〇〇メートル台の風通しのよい広葉樹林に生える。森の優占種は赤松ではなく、「プシン」と呼ばれる常緑性の樫《かし》だ。チベット語で松茸を表す「プシャ」とは、プシンの肉という意味である。

アヤと入った森には松茸の好む条件がそろっていたが、すでに先客がいたらしく、見つかったのはわずか一つだった。

「今年は松茸が少ないな。一年ごとに多い年と少ない年を繰り返すんだ。でも最近は、昔ほど採れなくなってしまったよ」

アヤがつぶやいた。

松茸は、一九八〇年代の後半から高値で売れるようになったという。ちょうど日本の登山隊が、梅里雪山に入ったころと重なる。それ以後乱獲が続き、収穫量は年々減っているらしい。採ったあとに土を被せるとか、小さなものは採らないという森の掟を守らない者が増えているようだ。

帰り道、村の入り口を通ると、松茸の仲買人を囲む村人たちに出会った。仲買人のもとには、その日雨崩で採れた松茸がすべて集まる。買いとり用のかごは松茸で一杯だった。なかにはこぶし大の傘をもつものもある。

この松茸が、海の向こうの日本のスーパーにならぶと思うと不思議な気がする。

中国産の松茸は農薬が問題となったことがあるが、実際に山で探す村人たちとは何の関係もない。彼らの手を離れて、いくつもの中間業者を経るうちに起こる出来事なのだ。

村人に聞くと、いまの値段は五〇〇グラムが二〇元(約三〇〇円)だという。このところ下落しているらしい。高いときは二〇〇元にもなるというが、その価格は他の産出国とのバランスなどで決まるようだ。全体量が減少している上に、探す側とは無関係なところで値段が決まるため、松茸に頼る生活は不安定だった。

*

村では、日増しに麦刈りの仕事が忙しくなってゆく。アヤも毎日畑へ出るようになる。彼の仕事が一段落するまでのあいだ、「チシェ神瀑」と呼ばれる滝を訪ねた。その滝はカワカブ東面の重要な巡礼地とされ、滝の水で体を清めるために多くのチベット人が訪れる。氷河から融けでた水が、数百メートルの岩壁を落下するさまは、人間を圧倒する迫力があった。

神瀑を訪れた晩、スナトゥルから興味深い話を聞く。

「子どものころ、祖父から聞いた話だ。百年近く前に、一人の白人が雨崩村に来たことがある。白人は村の周りの山に登って、草花や樹の皮を採集していった。白人が帰ったあと、その山の植物はすべて枯れてしまったんだ。それからは、絶対に外人を泊めてはいけないという決まりができた」

百年近く前というのは、欧米のプラントハンターがカワカブの周辺に来ていたころと一致する。

同じような話は明永村にもあった。昔の明永氷河は、今よりもずっと下流まで達していたという。あるときイギリス人が村へやってきて、氷河の末端でたき火をした。そのとき彼らは、チベット人にとって大事なバターを火へ投げ入れたという。それ以来、明永氷河はどんどん後退していったらしい。

百年たった今でも、人々は同じようなことを言う。それは、私たちの登山に対してである。登山隊が帰ったあとに天災が起きて、家畜が死んだのは、カワカブの神の祟りだと人々は信じている。この土地では、昔も今も変わらずに自然の神が生きているのだ。

だが、現代の話はそれだけでは終わらない。僕も参加した一九九六年の登山のとき、登山装備の盗難が頻発した。氷河上のキャンプからテントがなくなることもあった。そのことをスナトゥルに尋ねると、彼はこっそりとこう打ち明けてくれた。

「あのテントは、むかいの家の男たちが盗《と》ったんだ。あいつらは放牧地に上がる道からベースキャンプを見ていて、休憩日だとわかると物を盗みに下りていった。日本人は目が悪いから、あいつらの行動はわからなかっただろ。テントは、徳欽《デーチン》の市場で高く売れたらしいよ」

そう話してくれたスナトゥルはどちらかと言えば得意気で、私たちに対してすまないと思う気持ちはないようだった。聖山に登ろうとした登山隊の方が、はるかに悪いと思っているのだ。登山から五年たった今でも、村ではザイルやカラビナなどの登山装備を見かける。

スナトゥルは言った。

「毎年、雪が融けると誰かが氷河上のキャンプ跡地まで登って、登山隊が残したものを探している。俺も何回も上がったよ。登山道具は高く売れるし、農作業でも重宝するんだ。以前、仲間の一人が氷の崩壊に巻きこまれて、死んだこともあるけどな」

「なんだって!……」

何ということだろうか。私たちが山に残したものを、村人は命の危険を冒して手に入れているのだ。登山隊がもたらした影響の大きさを、思い知らされた。「危ないからやめろ」と言うことはたやすいが、そんな言葉は彼らに届かないだろう。スナトゥルに何を言ったらいいのか、わからなかった。

＊

数日後、アヤとともに二回目の松茸狩りへでかける。その日は朝から雨が降っていた。

「今日行く場所は、ゾッを探しているとき偶然見つけたんだ。ぼく以外は誰も知らない。多い年には大きいのを一〇本以上採ったこともあるよ」

アヤが弾んだ声で説明してくれる。

彼とともに家の裏山を登りだすと、いきなり急登になった。手をつくような急斜面だ。ぬれた木の幹をつかみながら、体を引き上げてゆく。カメラを取りだす余裕もなく、六〇〇メートルの高度を一気に登る。ふと気がつくと、いつの間にか周囲の木は樫から針葉樹に変わり、辺りにはひんやりした空気がただよっていた。

アヤが斜面の一カ所を見つめて、小さな声でつぶやく。

「去年は、あそこに大きな松茸がいくつも生えていたんだ」

彼の視線の先には、小さな松茸が四つ寄り添うだけだった。アヤと僕は顔を見あわせる。

「おかしいなあ。今年は小さいのばかりだ」

肩を落としてアヤが言う。比較的ましな二本を採り、残りはそのままにした。

松茸を探しながら樹林の切れ目まで行くと、登ってきた尾根がまっすぐに切れ落ちる様子が見えた。よくこんな所を登ってきたものだ。地表は霧に覆われ、その切れ間に村の家屋が見え隠れする。

雨が降り続けている。三〇分ほどあたりを探したのち、下りはじめた。寒さと疲労のためか、僕は膝が痛くなり曲げられなくなってしまう。こんなことは初めてだ。アヤは、破れかけた靴を履いている上に、普段着の服はずぶぬれなのに、朝と変わらずひょいひょい歩いている。さすが山に暮らす民だ。悔しいが、よろよろと木に寄りかかりながら、転げ落ちないよう慎重に斜面を下った。

昼過ぎ家に着くと、アヤはそのまま仕事にでかけていった。僕はすぐに乾いた服に着替えるが、しばらくすると熱が出はじめ、丸一日寝込んでしまう。

翌日の夕食のとき、スナトゥルは食欲のない僕を見て、部屋の奥から何か持ってきてくれた。

「これは『ペム』と言って、このあたりで採れる最高の薬なんだ。どんな病気にも効くぞ。飲んでみろ」

それは白くて小さい球根のようなものだ。チャシ家のアジャーが、同じものを大事そうにしまっているのを見たことがある。効果を知りたいと思って、二粒ほどもらい恐る恐るお湯で飲みこんだ。

翌朝はすっきりと目覚める。体の調子が良くなっていた。ペムが効いたのだろうか。この土地で採れた薬が効いたかも知れないと思うと、なぜか嬉しい。それからは雨崩にいっそうの親しみを感じるようになった。

＊

雨崩に来てから一〇日がたち、八月も末になる。空は相変わらず曇ったままだ。

三回目の松茸狩りは、パサンという男とでかけた。彼は近くの村から松茸を採るために雨崩へ来ている。ひと夏でけっこう稼ぐらしい。

二人でプシンの森を歩きはじめると、パサンはすぐに道端のキノコを指さした。

「ほら、そこに生えてるよ」

色が白っぽいのでわからなかったが、近づくとたしかに松茸だ。これほど早く見つけるとは思わなかった。

樹林に入ってからも、パサンはたて続けに松茸を見つける。あれほど探していた松茸が、彼の目にかかるといとも簡単に見つかってしまう。僕も同じところを見ているのに、土を被った小さなキノコを見わけることができない。目が違うのだ。パサンは視力がいい上に、目が松茸に慣れている。

しばらく彼について歩いていると、僕も傘の開いた松茸を見つけた。自分の目で発見したのは初めてだ。もしかしたらと思って鼻を近づけたら、松茸の香りがしたのだ。あんまり嬉しくて、「あったぞ！」と大声で叫んでしまった。

松茸をいくつも見ていると、少なくとも二つの種類があるように思えた。大柄で茶色いものと、小粒で白っぽいもの。どちらも香りはほぼ同じである。日本でも楢《なら》の木に、「バカマツタケ」と呼ばれる松茸によく似たキノコが生える。大きさは小さいが、香りは同じだという。そもそも、中国産の松茸は日本のものとすこし違うようだ。新鮮なうちはわからないが、日本へ届くころには香りが弱くなっている。同じ松茸とは言っても、いくつかの種類があるようだった。

パサンがまた見つけた。周りの土をていねいに掘る彼に、気になっていたことを尋ねてみる。

「パサン、松茸の香りは森の香りに似てるよね」

森を歩いてるとそう思えてならない。針葉樹の芳香、土や落ち葉の湿った匂い、苔のほのかな香り……、森にはさまざまな香りがただよっている。それらの香りが合わさって、松茸のなかに凝縮されているようなのだ。

「俺もそう思うよ」

当たり前だろと言うように、パサンは松茸から目をそらさずに言った。その素っ気なさが嬉しい。山に暮らす人間と同じ発見をできたことが喜びだった。

突然、近くの木がガサガサと動いて、二人の女の子が顔を出す。一〇歳前後の子どもだが、彼女たちも松茸を探しているらしい。

「たくさん採れた?」と尋ねると、少女は誇らしげに自分のこぶしほどの松茸を見せてくれた。それを見たパサンが、参ったという顔で苦笑いする。この時季に大きな松茸は珍しいのだ。少女は松茸を袋にしまうとき、傷つかないように石楠花の葉にくるんで、サルオガセのクッションを敷いていた。

その日、僕たちは半日森を歩きまわって、約二〇本の松茸を見つけた。だがどれも小さいもので、仲買人がつけた値段は、わずか一〇元（約一五〇円）だった。受けとった金を見て、渋い顔をしながらパサンがつぶやいた。

「今年の松茸はそろそろ終わりだな」

雨崩に来た時季は、松茸を見るにはすこし遅かったようだ。七月の出はじめのころはもっと多いらしい。でも、僕は満足していた。山に自生する松茸をこの目で見て、カワカブの豊かさをまた一つ実感した。

帰り道、松茸の香りを思い出しながら、畑の小道を歩いてゆく。あたりを見まわすと、大麦の収穫はすっかり終わり、黄金色の麦わらが家の屋上を覆っていた。

カワカブの森へ

雨崩村《ユイポン》は、遭難した一七人が最後に通過した村である。そこから数時間の距離に、登山隊がベースキャンプとした場所がある。村人は、当時の隊員たちのことを覚えていた。特に、偵察隊と本隊の両方に参加した隊員のことは、名前や人柄まで覚えていた。

一七人はこの村に来たとき何を思っただろう。多忙な準備から解放されて、ベースキャンプ直前まで着いたことを喜び、山へ取り付けることに胸躍らせていただろうか。メツモとジャワリンガに見下ろされたこの村の、独特の雰囲気を感じた者もいただろうか。

雨崩村は、瀾滄江《ランツアン》の支流である雨崩川の上流部に位置する。周囲を高峰に囲まれて、土地の大部分を深い森に覆われている。そこには大きな谷が四つ刻まれ、そのどれもが源頭にカールと氷河を持つ。この広大な自然のなかを、僕はじっくり歩いてみたいと思っていた。

雨崩は九月に入っても濃い緑に覆われている。明永《ミンヨン》では秋の気配が感じられるころだが、山深いこの村ではいまだ雨雲が途切れることがない。実際にこの村へ来てからの二週間、雨の降らない日は一日もなかった。

松茸の撮影が一段落すると、山や峠を訪ねる旅へでかけることを考えはじめる。旅の計画を次の四つに絞る。

一　放牧小屋の生活を体験する（三日間）
二　ツダ峰の山上湖を訪ねる（四日間）
三　カワカブに最も近い峠を越える（五日間）
四　雨崩から明永まで続く高山の道をたどる（二日間）

どの旅も一年以上前から思い描いてきたものだ。雨崩の友人のスナトゥルとアヤの協力を得て、今回ついに実現することになったのだ。そうして二〇〇一年の九月の初め、チベット人とともにカワカブの奥深くへ入る旅に出発した。

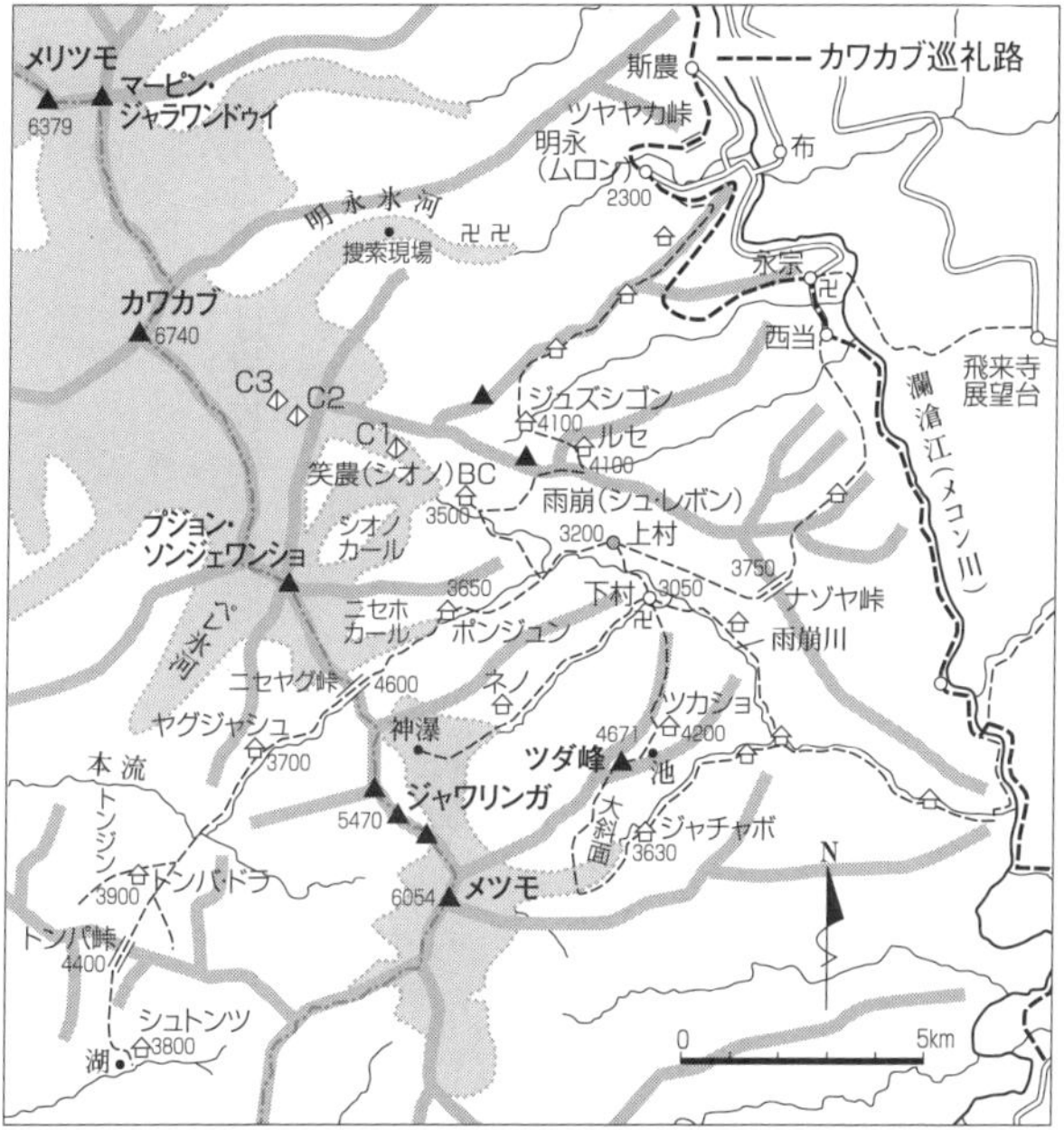

カワカブ巡礼路
メリツモ
6379
マーピン・ジャラワンドゥイ
斯農
ツヤヤカ峠
明永（ムロン）
2300
布
明永氷河
搜索現場
永宗
カワカブ
6740
西当
飛来寺展望台
C3
C2
C1
ジュズシゴン
4100
ルセ
4100
笑農（シオン）BC
3500
雨崩（シュ・レボン）
瀾滄江（メコン川）
プジョン・ソンジェワンショ
シオンカール
3200
上村
3750
ナゾヤ峠
3650
ニセホカール
ポンジュン
下村
3050
雨崩川
ペ氷河
ニセヤグ峠
4600
ネノ
ツカショ
4200
4671
ヤグジャシュ
3700
神瀑
ツダ峰
池
本流
ジャワリンガ
5470
大斜面
ジャチャボ
3630
トンジン
3900
トンパドラ
6054
メツモ
トンパ峠
4400
シュトンツ
3800
湖
0
5km
N

―ヤクのバター―

雨崩の周囲には放牧地が多い。山が広く、気候が高地性の牛に適しているためだ。夏にはどの家でも雌牛を連れて放牧地へ上がり、家族の一人が小屋に滞在してバターやチーズをつくる。ポンジュンと呼ばれる放牧地に、スナトゥル家のツリツム婆さんがいるというので訪ねることにする。

村からポンジュンまでは徒歩で約三時間、谷沿いの苔むした森を通りぬけてゆく。森にはサルオガセの絡みついた樅《もみ》が立ちならび、大きな倒木が横たわる。その地面を、倒木や切株ごと苔がびっしりと覆っている。苔のなかから、赤い木の実や紫のキノコが顔を出す。

点在する放牧小屋を見ながら、氷河を望めるところまで登ると、樹林を小さく切り開いた草地が現れた。丸太でできた小屋が二つならんでいる。そこがポンジュン放牧地だった。

雨のなかで薪拾いをするアジャー（お婆さん）が出迎えてくれた。チベット語しか話さない彼女と身ぶりであいさつを交わす。アジャーの小屋には、親戚のアナという男性も一緒に住んでいた。低い声が印象的な四八歳の男だ。彼が漢語を話せるので助かった。

放牧地の朝は、カワカブへのお祈りで始まる。最初の仕事は、山に散らばっている雌牛を集めること。牛を呼ぶ二人の声が、周囲に響き渡る。やがて鈴の音が鳴りはじめ、一四頭の雌牛が集まってきた。

雌牛には三種類いる。ヤクの雌「ジマ」、黄牛の雌「バッ」、そしてヤクと黄牛の交配種「ゾム」だ。このあたりではゾムがいちばん多い。交配種の雄は「ゾッ」と呼ばれるように、チベット語では家畜の呼び方が雌雄で違う。

乳搾りが始まる。「ジュッ、ジュッ」と乳が桶にあたる音とともに、どこからかお経を読む声が聞こえてくる。乳を搾りながら、アナがお経を唱えているのだ。信心深いチベット人ならではだろう。じっと見ていると、アナが読経を中断して声をかけてくれた。

「搾りたての牛乳を飲んでみるか?」

「うん、ぜひ!」

ゾムとジマの乳を飲み比べてみる。ゾムの乳は予想通り濃厚な味と匂いがしたが、ジマの乳は意外とあっさりした味だった。

「シュンブ・ジンチャ（おいしい）！」

チベット語で言うと、隣で乳を搾っていたアジャーが大声で笑う。

バター作りは、数日に一回の間隔で行なうらしい。大きな桶（ドン）にためた牛乳を、回数を数えながら攪拌《かくはん》用の棒で五〇〇回ほどかき混ぜる。その掛け声は人それぞれにメロディーがあって、楽し気な歌のように聞こえる。声のいいアナの歌は聞き惚れるほどだった。混ぜ続けてゆくと、牛乳の表面にドロドロとしたバターの素が浮いてくる。それを手ですくって塊にし、冷水に入れて冷やすとバターのでき上がりだ。チベット語では「メー」という。二〇リットルほどの牛乳で、一～二キロのバターができる。

バターをとったあとの牛乳は、粘性のある白い液体に変わる。これは「ダチェ」と呼ばれる脱脂乳で、飲むとヨーグルトのような味がしてうまい。ダチェはそのままでは利用せず、大鍋に移して火にかけ、無脂肪チーズの「ダンブ」と、清涼飲料のような「ダカ」に分ける。

無脂肪チーズのダンブはわずかに酸味があって、生のまま食べてもうまいが、囲炉裏の上で数日干してから食べることが多い。カチカチになった乾燥ダンブをバター茶にいれて風味を楽しみ、ふやけたところを食べるのがカワカブ式である。

これらの乳製品は、山の恵みだと考えられている。桶のなかでバターができ上がると、人々は祈りの言葉を唱えて、三つの場所にお供えする。三つの場所とは、仏に通じる仏壇と、カワカブへ届く天と、死者のいる地面である。老人たちは、酒《アラ》を飲むときも同様の意味をこめて、酒《アラ》を指につけ三回はじく。恵みをもたらすものへ感謝する行為が、日々の生活のなかに溶けこんでいるのだ。

放牧地でしか食べられない味もある。一つはダンブのバター炒め。無脂肪チーズが熱いバターを吸って、ミルクの香りがただよい、とろけるような食感になる。

もう一つは「スシ」と呼ばれる熟成チーズ。乳をこすための木の枝に牛乳が付着して、自然に熟成するのだ。それをこそぎ取って集め、温めてスープのようにして飲む。強い匂いがするが、コクがあって一度食べると忘れられない。放牧地でしか出あえない幻の味である。

バター作りの他にも、放牧地では大事な仕事がある。雄のヤクと雌の黄牛を交尾させることだ。標高の高いチベット高原ではヤクが家畜として使われるが、比較的暖かいこのあたりでは交配種のゾッやゾムの方が適しているためだ。

小屋についた翌日、村の少年が雄のヤクを連れて上がってきた。普段、放牧地には雄牛はいない。

「小林《シャオリン》、離れていろよ」

カメラを取りだす僕にアナが言う。ヤクが交尾をしようとするたびに、黄牛が暴れるのだ。それにつられてヤクの巨体も大きく動く。隣の小屋から男たちが出てきて、新しい命をつくる作業をみなで見守った。

夕方になると、もう一度牛を集めて乳を搾り、暗くなるころ夕食の支度に取りかかる。アジャーとアナの仕事ぶりは息がぴったりと合っていて、仲のよい夫婦のようだった。山深い放牧地に、いとおしい時間が流れていた。

ポンジュンを去る日、谷の源頭のカールを見にでかけた。ニセホと呼ばれるカールだ。森をぬけると、広々とした草原になる。周囲をぐるりと見渡すと、広大なすり鉢状の底にいることがわかった。この雄大な窪地は、氷河時代にこの谷を埋め尽くした氷河が、山の斜面を削りとったものだ。いま氷河は、片隅に小さく残るだけである。

雲に覆われて周りの山は見えないが、一つの峠が霧の中に見え隠れしていた。ニセヤグと呼ばれるあの峠をこえると、カワカブ山群の向こう側に出られるという。峠から吹く風が、未知の土地へと僕を誘っていた。

メツモの氷河

ツダ峰は、雨崩村の南に見える三角錐の形のよい山。メツモから派生する尾根上にすっくと盛り上がった山容は、村からもよく目立つ。ツダの「ツ」は、チベット語の方言で池や湖を意味する。

「ツダの頂には美しい湖がある。その周りは草地になっていて、夏になると村人が牛を連れて上がってゆくんだ」

　以前、足の悪いティンルがそう教えてくれた。

九月四日　雨時々曇り

　雨の降る朝、ツダ峰を目ざしてスナトゥルとともに出発する。初日は高度差一一〇〇メートルの登りだ。雨にぬれながら、樹林帯を黙々と登ってゆく。寝袋や食料を入れた大きなザックをスナトゥルに背負ってもらい、僕はカメラ機材を担ぐ。つらい登りだが、艶《つや》やかなキノコや野イチゴが目を楽しませてくれる。

「静かに！」

　突然、スナトゥルが小声で言った。

　銃を持つ彼が獲物を見つけたようだ。身をかがめて、鳥が鳴いた方角を見つめている。が、射程距離に入る前に逃げられてしまった。スナトゥルが必要ないというので、この旅には肉類を何も持ってきていない。本当に獲れるのかと思っていたら、三度目で大きな鳥を撃ち落としたので驚いた。

氷河の水によって
育まれる明永村

上／夏の雨崩村。
濃い緑が雨の多さを物語る
下／正月の朝、家族みんなの食事が始まる

上／秋の実りを手にもつ山麓の子どもたち
下／森を巡る旅で出あったシュトンツ放牧地。
氷河の名残の湖が、鮮やかな色彩を放つ

上／瀾倉江と怒江の分水嶺、ドケラ（4480メートル）。
巡礼者が祈りをこめて峠の周囲を回る
下／「神瀑」のかかる岩壁へ。五色の旗１枚１枚に祈りがこめられている

上／ノ・ジャジンの最奥に鎮まるカワカブ北西面
下／チョタマの北面を見上げる、聖地ション・ツゲ。
人間の土地と神の領域の境界だとされる

満月に照らされたカワカブ。
この「神の山」に登った人間はいまだいない。
飛来寺村に明かりが灯る

朝日がカワカブの山頂に
降りたつ。
神秘の瞬間だ

樹林帯が終わって草原が始まるところに、一軒の丸太小屋がたっていた。この日は、ツカショと呼ばれるこの小屋に泊まることにする。

なかへ入るとスナトゥルが、「まずは飲もう！」と言って酒《アラ》を差しだす。僕は喜んで受けとった。この一杯が実にうまいのだ。五臓六腑に染み渡るとはこのことだ。高度計は四二〇〇メートルを指しているが、雨崩で生活した体はすっかり高所に慣れていた。

夕食は、獲った鳥を煮てスープにする。カワカブに棲む動物を食べることに抵抗はあったが、この土地に暮らす人々の慣わしに身を委ねる。体が内側から温まっていった。

このあたりのチベット人は、昔から狩猟をしてきたらしい。チベット仏教徒は殺生をしないというが、人間の営みは自然環境によって変わるのだろう。カワカブの森には、それほど野生動物が多いということだ。

暗くなると、一時上がっていた雨が再び降りはじめる。寒くなりそうなので、薪を囲炉裏に多めにくべる。高山の山小屋で、チベット人のスナトゥルと二人だけで火を囲んでいることが嬉しかった。知らない土地でこれほど身軽な旅ができるようになったのは、チャシを始めとしてこれまでに出会った友人たちのおかげだ。彼らが、この地に伝わる山の生活術や人間関係の術《すべ》を教えてくれた。それは例えば、水の得方や火の起こし方から、人への頼みごとの仕方など……。失敗を重ねながらも、少しずつ覚えてきた。

寝る前に、火にくべた薪の量をもう一度確認する。囲炉裏の脇に寝袋を敷いて、僕たちは横になった。

九月五日　霧時々雨

今日はツカショ小屋に荷物を置いて、ツダ峰の湖を見にゆく。朝は霧がかかり、見通しがきかなかった。小屋の前の草原を登ってゆくと、このあたりは小さなカールになっていることがわかる。やがて、石の土台だけが残る小屋の跡に出会った。土台の一部は崩れ、小屋の内部まで草や花に覆われている。壊れてから年月が経っているようだ。

スナトゥルが、ぽつりと言った。

「最近はここまで放牧に上がる人はいないんだ。ゾムが少なくなったから、近くの場所だけで十分なのさ」

そう言われれば辺りに牛がいない。ツカショ小屋も今年から使われなくなったらしい。雨崩も、他の村と同じように、牧畜に依存する生活が変わりはじめているのだ。山の上にたつ小屋が、そんな村の変化を如実に表していた。

さらに登ると小さな水流が現れ、その流れをまたぐようにラテ（祈禱の旗）が祀られている。その先に、鏡のような水面が広がった。ツダ峰の湖だ。それは湖というより、カールのなかに置き忘れられたような小さな池だった。氷河がこの谷を浸食した時代の名残だろう。濃い霧が立ちこめて、二〇メートルほど先の対岸がかすんで見える。池の周囲には高山植物が多く、草原を照らすようなボンボリ・トウヒレンや、紺碧のリンドウが咲いていた。

池のほとりから、カールを囲む尾根まで登ってゆく。後ろを振り返ると、草の絨《じゅう》毯《たん》に覆われたなだらかなカールが一望できた。両側の谷から雲が湧き上がってくる。雲海の上に、緑のカールが浮かんでいるようだ。それはまるで、神々が遊ぶ庭園のような光景だった。

尾根上をメツモの方向へ進むと、霧のなかに大きな氷河が見えはじめた。メツモの頂上から落ちる氷河である。尾根上から下まで下りられるというので、明日はあの氷河に下りたつことにする。

九月六日　曇り一時雨

前日と同じ道をたどり、メツモの氷河が見える地点まで行く。

広い斜面を見ながら僕は尋ねた。

「氷河に下りる道はどこを通っているの？」

「道なんかない。前に途中まで行った感じではきっと行けるさ」

スナトゥルが当たり前のような顔で言う。

「えっ、下まで下りたことはないのか！」

出発前の話と違うではないか。てっきり踏み跡があると思っていた。

僕たちがいる尾根と谷底のあいだには、高度差七〇〇メートルの斜面が広がっている。ところどころに岩の混じった草付きの斜面は、見た目よりずっと歩きにくいものだ。進むべきかどうか、僕は何度かためらった。が、そのたびに考えなおす。この土地に生きる男が行けると言うのだ。スナトゥルを信じよう。目の前の大きな風景が、心をくすぐった。

　前進を始める。しばらく尾根沿いを行くが、やがて岩壁にぶつかり進めなくなる。氷河の方向を見下ろすと、広大な急斜面が谷底まで広がり、急なルンゼ（岩溝）が下までストンと落ちていた。一人なら決して踏みこまない斜面だ。

「小林《シャオリン》、ここから斜面を下ってゆこう。大丈夫だよな？」

「おっ、おう。気をつけて行こうな」

　下りはじめは高度感があって体に力が入る。もし足を滑らせたら、七〇〇メートル下まで止まらないだろう。「ゆっくり、慎重に！」、自分へ言い聞かせながら一歩ずつ足を出す。ふと上を見上げると、真っ白い雪蓮《シュエリャン》花がガレ場のなかに咲いていた。その美しさが、肩の力をふっと抜かせてくれる。

　しばらく下ると傾斜が緩くなり、トラバースできるようになった。だがあちこちに岩が出ているので、広い斜面のどこを進むか選ぶことが難しい。スナトゥルは重いザックを背負い、片手にライフル銃を持ちながら、的確に進路を決めてゆく。さすがチベット人だ。山を歩くのが実にうまい。

「体を下げて！」

急にスナトゥルが小さく叫んだ。何事かと思って彼を見ると、岩陰に身を隠して銃を構えている。野生の羊がいるらしい。「ドッ」と銃声が響いた。

「当たったはずだ！　見てくるから、ここで待っていてくれ！」

スナトゥルはそう言うとザックを置いて、一〇〇メートル先の岩場を目ざして登っていった。

僕は呆れながらも、ひと息ついて腰を下ろす。緊張が続いたのですこし疲れていた。眼下にメッツモの氷河が見える。白い氷の帯が、緑の谷を引き裂くように横たわっている。その景観には、氷河と森が発達したこの土地ならではの迫力があった。

スナトゥルが悔しそうな顔をしてもどってくる。足跡は残っていたが逃げられたらしい。

雨が降りはじめたので先を急ぐ。その先も崖や深いルンゼに苦労するが、今さら引き返したくないので夢中で下ってゆく。草地に出たところで一休みすると、氷河はすぐに下に見えていた。

最後は氷河に削られた砂地を滑り下りて、氷の上に下りたった。初めて踏むメッツモの氷河だ。上流には荒々しい氷瀑が見える。だが、明永氷河より全体の大きさが小さい分だけ、優しく女性的な感じがする。周囲は静寂に包まれていた。

「俺が子どものころ、このあたりは飛行機が着陸できるくらい広くて平らだったんだ」

スナトゥルが周りを見渡しながら言う。だが今の氷河はそれほど広くはない。この数十年で氷河は小さくなったのだろう。

幅一〇〇メートルほどの氷河を横断して対岸の土手に上がると、踏み跡に合流した。その道を下ってゆく。次第に緑が濃くなると、緊張から解放されてたまっていた疲れが一気に出た。もうゆっくりとしか歩けなかった。

草原に出たところで、たくさんの赤い実を見つける。何だろうと思って手にとると、それは程よく熟した野イチゴ。そっと口に入れてみる。おいしい！ 甘酸っぱい果汁が、疲れた体に染みこんでゆく。しばらく歩くのを止めて、イチゴを食べることに夢中になった。再び歩きはじめたときには体が軽くなっていた。

樅の木が現れると、今晩の宿泊地のジャチャポ放牧地が見えはじめる。小屋の近くまで行くと、ナナカマドの赤い実が迎えてくれた。樹々のあいだからは、霧にかすんだメツモの氷河が見えている。

「晴れたら、ここからメツモが見えるぞ！」

小屋のなかからスナトゥルが顔をだした。ジャチャポには五〜六軒の小屋があるがどれも荒れていて、使えそうなものはスナトゥルの父の小屋という一軒だけだ。

小屋に入るとスナトゥルが待ちわびていた。

「今日は疲れたな。まずは飲もう」

そう言って酒《アラ》をだしてくれる。

「ジャナパシ（ありがとう）……」

それを見て、僕は床に座りこんだ。もう歩かなくてよいと思うと、全身の力がぬけてゆく。疲れきっていたが、充実感を感じていた。

スナトゥルが小屋の周りで採ったキノコを料理してくれる。彼は、山で食べられるものを本当によく知っている。鳥にしろキノコにしろ、食料を現地調達する旅は、その土地をぐっと身近に感じられるところが素晴らしい。山の民と二人だけで行く旅の醍醐味だった。

その晩は残り少ない酒《アラ》を大事に飲みながら、雨崩の山々について遅くまで話をした。

九月七日　曇り一時雨

朝早く起きるが、雲が多くメッツモは見えない。針葉樹とナナカマドの風景に別れを告げて、谷沿いを下ってゆく。

雨崩川の本流に出ると、畑や小屋が現れた。村では寒くて作れないトウモロコシを、標高の低いこのあたりで作っているのだ。小屋の一軒を指してスナトゥルがささやく。

「あの小屋には、ハンセン病の親子が住んでいるんだ。ずいぶん前からここにいる。村人とは普通につき合っているけどな」

この谷に患者がいることは噂に聞いていたが、実際に住む場所を見るのは初めてだ。それは畑に囲まれた小さな小屋だった。カワカブに限らずチベットを旅していると、ハンセン病を患う人に時々出会うことがある。適切な治療が受けられることを願いながら、小屋の前を通り過ぎた。

村が見えはじめると、心なしかスナトゥルの歩きが速くなる。夕刻には下村に入り、上村へ続く坂道を登りはじめた。家の近くの水場まで着いたとき、五歳のケイゾンがスナトゥルを見つけて飛びついてきた。

「アバー（パパ）、お帰り！」

息子のケイゾンは嬉しくてたまらない様子で、父親の体によじ登ろうとしている。スナトゥルはケイゾンをかかえて抱きしめた。二人は手をつないで坂道を登りはじめる。

家の前にはケイゾンの声を聞きつけた妻のラムが、一歳の娘を抱いて待っていた。ラムは、二一歳、スナトゥルより一五歳年下だ。

「元気そうね。うまくいったの？」

そう声をかけるラムに、スナトゥルは大きな笑顔でうなずいた。

家に入ると、彼はあっという間に夫と父親に変身する。疲れた素振りなど見せずにラムから留守中の話を聞き、甘えてくるケイゾンの相手をする。厳しい自然を実感してきただけに、そんな家族の姿が輝いて見えた。

スナトゥルに感謝した。心地よい疲れを感じながら、僕はザックの荷をほどきはじめた。

山に刻まれた足跡

「ニセヤグ」と呼ばれる峠の存在を聞いたのは、一年以上前のことだ。カワカブからメツモへ連なる雪の稜線に、人の往来する峠が刻まれているという話は驚きだった。

チャシ村長は若いころ、猟をしながらその峠を越えたことがあるという。峠の裏側で大きな氷河を渡り、カワカブ西面を間近に見たらしい。その話を聞いたとき、僕は一つの風景を思い描いていた。いつも東側から見ている梅里雪山の山群を、西側から眺めたらどのように見えるのだろう。

ツダ峰からもどった翌日、打ち合わせのためにアヤを探す。ニセヤグ峠への旅は、峠を越えたことのあるアヤと行くことにしていた。雨崩の村人のなかでも、ニセヤグ峠を越えた経験をもつ人は少なかった。

兄のスナトゥルにアヤの居場所を尋ねると、「知らん」と言ったあとでこう続けた。

「山に入っているあいだ、酒《アラ》は小林《シャオリン》が管理しろよ。あの飲んだくれに昼間から飲ませると、ロクなことはないからな」

その晩、アヤは酔って帰ってきた。そんな彼の姿を見るのは初めてだ。何か事情でもあるのだろうか。

翌朝も出発直前まで姿を見せなかったが、約束の時間にはもどってくる。心配事を抱えながらも、アヤと僕はカワカブとメツモのあいだの峠を目ざして出発した。

九月九日　曇り時々雨

苔むした森をぬけてポンジュン放牧地へ向かう。

小屋でバター茶を飲みながら、久しぶりにアヤとゆっくり話をした。

「雨崩の村人は、ニセヤグの向こうにわざわざ行く用事がないんだ。でも峠の向こうには永宗《ヨンゾン》村と西当《シータン》村の放牧地がある。夏と秋には彼らが二〇〇頭以上のゾッをつれて、ニセヤグ峠を越えるんだ。それはすごい眺めだよ」

アヤが穏やかな口調で話してくれる。まだすこし酒臭いが、いつもの彼にもどっていた。

小雨の降るなか、ニセホ・カールのガレの斜面を登ってゆく。大きなザックを背負ったアヤが先導してくれる。なかなか速い。

五時過ぎ、標高四六〇〇メートルのニセヤグ峠に到着した。ここは、カワカブに最も近い峠だ。無数のラテ（祈禱の旗）がはためく景観を想像していたが、旗はほとんど見当たらない。数十本の木の枝が、石塚の上に置かれているだけの静かな峠だった。人の往来が少ないためだろうか。強風が吹き、雨がたたきつけてくる。アヤはとっくに行ってしまったので、僕も小さく「アッラソロー」と叫ぶと、すぐに下りはじめた。

峠を越えると雲南省からチベット自治区へ入ることになるが、変わるものは特にない。霧に覆われた広いカールを下ってゆくと、やがて草花や灌木が現れる。出発から九時間ほどで、カール地形の下端にたつヤグジャシュの小屋に着いた。

小屋の周りには、ギョウジャニンニクに似た赤紫色の花が咲いている。夕食はニンニク風味の野草ラーメンとなった。

寝る前に酒《アラ》を一杯ずつ飲みながら話をする。アヤの家族の話になった。彼とスナトゥルは兄弟だというが、実は母親が違うらしい。二人が似ていないのには、そんな理由があったのだ。

アヤが火を見つめながら言った。

「ぼくは結婚していたことがある。でも彼女とうまくいかなくて離婚してしまった。もう女はたくさんだな」

僕は黙って聞いていた。アヤが時々酔いたくなるのは、そのあたりに訳があるのかもしれない。

薪がパチパチと燃えている。そのうちにアヤは寝息を立てはじめた。アヤの酒《アラ》はまだ半分ほど残っていた。

九月一〇日　曇り時々雨
朝八時ごろ出発して、ヤグジャシュの谷を本流との出合まで下ってゆく。本流は、カワカブの巡礼路につながる流れだ。水量が多く、徒渉するのに手間取る。
カワカブの西側を見るため、対岸の急な谷を登る。樹林が終わるあたりで、小さな小屋に出合った。トンパ・ドラと呼ばれるこの小屋は、あたりを歩く狩猟者のために作られたものらしい。床は地面のままの粗末な小屋だ。曇っていて山の展望はきかないため、今日はここで泊まることにする。

午後は上部の偵察にでかけた。黄色いサクラソウを眺めながら、一本の支沢を登ってゆく。対岸に、ヤグジャシュ谷の隣に広がる大きな氷河が見えはじめた。チャシが越えたというペレ氷河だ。奥深い場所にあるが、あの氷河の岸にも小屋があるという。

このあたりは人が訪れることのないカワカブの最深部と思っていたが、それは思い過ごしのようだ。付近に村はなく巡礼路からも離れているが、人間の足跡はこんな山の奥にもしっかりと刻まれている。それは生き物としての人間の力強さを感じさせた。山に暮らす人々は体一つで自然の懐に入りこみ、そこをすこしずつ人間の土地に変えてきたのだ。そして同時に、人が踏みこんではならない神の領域を定めてきた。目の前の深い谷と氷河の風景を見ていると、そんな思いが浮かんでくる。

ふと我々の小屋に目をやると、二人の男が近づいてくるのが見えた。

「あれはいったい誰だ?」

ニセヤグ峠を越えてからは、人にまったく会わなかったので驚いてしまう。

「きっと永宗村か西当村の奴らだよ。心配だからちょっと見てくる」

アヤはそう言うと、斜面を駆け下りていった。僕も気になったがアヤに任せる。そのまま支沢を登り続け、氷河が出てくるところまで達した。

夕方、小屋にもどるとアヤが食事の支度をしながら待っていた。彼が言った。

「さっきの二人は永宗の男たちだったよ。この先のジャジティン放牧地へ牛を探しにゆくんだって。三年前に行方不明になったゾッが、今年ジャジティンで見つかったらしいよ」

「へえ、そんなこともあるのか」

三年ものあいだゾッはこの深い森のどこをさ迷い、冬をどうやって越えたのだろうか。

もう一つ興味深い話を聞く。それはカワカブの四方にある聖地の話である。四つの聖地のことを初めて聞いたのは、二年前のカワカブ巡礼のときだった。それ以来これまでに、三つの聖地を訪ねてきた。その三つとは、ノ（西）ジャジン、シュ（東）レボン、ル（南）ワスィ。それぞれジャジン村、雨崩村、ワスィ峠をさす。しかし、四つ目のション（北）ツゲは、どこにあるかわからなかった。ツゲの「ツ」は湖を意味する。

「小林《シャオリン》、ツゲのことを知りたがっていたよね。さっき来た永宗の一人が、ツゲはジャジティン放牧地にある湖のことだろうって言ってたよ」

アヤがそう教えてくれる。

「それはおもしろい話だな。明日はその湖を見に行こう！」

ようやく四つ目の聖地に出会えるかもしれない。カワカブの西側を見るための旅が、思わぬ方向に走りはじめた。

九月一一日　曇り時々雨
これまででいちばん早い五時半に起床。明るくなるのは六時半ごろなのでまだ暗い。昨夜は少々雨漏りしたが、地面の上に樅の葉を敷きつめたベッドは快適だった。時おり小雨がパラつくなかを出発。今日中に引き返すつもりなので、空身のまま軽快に登ってゆく。
標高四四〇〇メートルのトンパ峠には、竹に結ばれたラテが冷たい風に吹かれていた。今日も曇りで山は見えないので、すぐに通過する。
踏み跡を下ってゆくと、谷の底に鮮やかな緑色をした湖が見えはじめた。湖畔の草原には五～六軒の小屋がたち、煙を上げている。あれがツゲだろうか。

小屋に近づくと、犬がいっせいにほえはじめた。一瞬、僕は体をこわばらせる。チベットの犬は本気で噛みついてくるのだ。さいわい放された犬はいないようなので、再び前へ進む。不思議なことに、人の気配はあるのだが姿が見えない。

「誰かいないか？」とアヤがチベット語で叫ぶと、一軒の小屋からぞろぞろと男たちが出てきた。

「漢人じゃないぞ！」

彼らは口々に叫んでいる。どうも僕たちは侵入者として警戒されていたらしい。アヤが一通り話をすると、彼らの表情は穏やかになった。リーダー格のソンジツリという男が、小屋に招いてくれる。

彼らは瀾滄江《ランツァン》沿いの村・甲日頂《ジャジティン》の村人で、総勢一〇人。六月から九月まで、村から徒歩で二日かかるこの「シュトンツ」放牧地で働いているそうだ。でき上がったバターやチーズは、数週間おきに村から来る村人に託し、そのとき食料などを持って来てもらうという。偶然にも今日はその村人たちが来る日らしい。

ソンジツリが出してくれたできたてのダンブチーズがうまい。街の市場ではなかなか出会えない味である。

　僕はいちばん気になっていたことを尋ねた。

「ここはツゲではないのですか？」

「ツゲとはカワカブの聖なる地のことかね。あれはもっと北にある湖だ。むかし村の長老に聞いただけで、俺は行ったことはないがね」

　四〇歳のソンジツリが、漢語で答えてくれた。ツゲであることを期待していたので残念だが、よく考えるとここはカワカブの南にあたる。

　四つ目の聖地を突き止めることは叶わなかった。だが、カワカブの魅力は一段と深まったといえる。そもそも、四つの聖地とは何なのだろう。そこにはどんな伝説があるのだろうか。

　バター茶を飲み終えると、外に出て緑色の湖を眺める。湖の水深は数メートル、透き通っているので湖底の倒木がはっきり見える。湖上に浮かぶ小島にはラテが祀られていた。彼らにとってもこの水の色は不思議だろう。対岸で草を食んでいたゾム（雌牛）が湖に入って泳ぎだした。

　気がつくと、もう午後二時になっていた。

「泊まっていけばいいじゃないか」

ソンジツリはそう言ってくれたが、残りの日数が少ないので後ろ髪引かれる思いで引き返す。僕らが出発すると、一〇人の男たちが見送ってくれた。

樹林に入る手前で振り返ると、山の斜面を下ってくる一団が見えた。きっと甲日頂の村人だろう。新鮮な肉や野菜を持ってやってきたのだ。今夜は泊まってゆくに違いない。彼らの笑い声が聞こえるような気がした。

カワカブの地図のなかに、また一つ思い出深い場所が加わった。一つの風景に、広さと深さが生まれるのはこんなときだろう。人との素敵な出会いによって、平面の風景に奥行きが生じるのだ。僕たちは霧に煙るトンパ峠を目ざして足を速めた。

九月一二日　霧のち雨
この日はトンジンと呼ばれる隣の谷を登ってから、ヤグジャシュ谷にもどることにする。
トンジン谷を登ってゆき、峠の直下と思われるところへ着いたとき、アヤが何かを見つけて叫んだ。

「雪蓮花《シュエリヤン》だ！　あの岩の下に大きいのが咲いてるぞ！」

アヤの指す方向を見ると、白い楕円形の風変わりな植物が地面から突きでていた。綿菓子のような綿毛が植物全体を包んでいる。

雪蓮花（トウヒレン属）は、婦人病に効く薬草として高値で売れる。そのため地元の人々の手で、大量に採集されていると聞く。撮影が終わるまでアヤに待ってもらうが、「もういいよ」と言うと、彼は根こそぎ摘み採ってしまった。

そのような現状を前にしたとき、彼に対して僕は何を言えばいいのだろう。彼らは昔から山とともに生きてきた人々だ。この植物を利用しながら、何百年も暮らしてきた。問題は地元の人間にあるのではなく、特定の種のみを高値で買いとる我々の側にこそあるのではないか。松茸や冬虫夏草の売買でも、問題は同じである。

周囲には霧が立ちこめて、カワカブの方角には何も見えない。この旅に出てから四日目になるが、山は一度も見えていない。ここまで来たというのに無念である。ガレ場につけられた踏み跡をたどってゆくと、立派な雪蓮花がいくつも現れた。アヤは嬉しそうだ。

一瞬ガスが薄くなって、正面の風景が開けた。その地形によって、このあたりからカワカブ山群の西側を一望できることがわかった。次は天気のいい季節に来よう。ガスの切れ間は数分で消えさり、あたりは再び白いカーテンに閉ざされた。

登ってきた谷を下る途中、火を起こして昼食にする。雨中のたき火にも随分慣れていた。

本流まで下る。往きに徒渉で苦労した地点は、さらに水かさが増して渡れそうにない。川幅は五メートル以上あり、水がごうごうと流れている。流れの弱いところを探して右往左往していると、アヤはナタで細い木を切り倒して、流れの狭まったところに橋を架けてしまった。それを渡って事なきを得る。さすがチベット人だ。山のなかで本当に頼りになる。

この日は、暗くなる前にヤグジャシュの小屋に着くことができた。

九月一三日　曇り一時雨

いつも通り暗いうちに起きて、ろうそくの炎で薪に火をつける。今日も、谷に低い雲が垂れこめている。

高山植物の咲くガレ場を登ってニセヤグ峠を目ざす。雨季の最中に咲く花は、一生のあいだにどれほどの時間太陽と出会えるのだろう。雨のなかを黙々と歩いてニセヤグ峠を越え、夕方、雨崩村に到着する。スナトゥルが笑顔で迎えてくれた。アヤがすこし胸を張った。

旅の疲れがたまっていたので、その晩はぐっすり眠った。

＊

翌朝、スナトゥルの大きな声で起こされる。

「天気がいいぞ！」

外を眺めるとメツモが朝焼けに染まっている。やられた！　よりによって旅のあいだのわずか一日の休憩日に、晴天がやってきた。ツダ峰の旅のときもそうだった。どうしてこうなるのだろう？　また村人たちに言われるに違いない。

「外国人がカワカブに近づくから天気が悪くなるんだ」と。

放牧地をつなぐ道

雨崩村に来てから一カ月がたとうとしている。もう松茸を探す人はほとんどいなくなっていた。

明永《ミンヨン》へ帰る道は、来るときと同じ西当村を通るルートではなく、高山の放牧地をつなぐ道をたどることを考えていた。その道は明永から途中の放牧地まで行ったことがあるが、その先が雨崩まで続いていると聞いて、いつか歩いてみたいと思っていた。

九月一五日　曇り時々晴れ

雨崩村でお世話になった人々にあいさつをして出発する。今回の旅にはスナトゥルが同行してくれる。

途中の笑農《シャオノン》（シオノ）放牧地には、ポンジュン放牧地から移ってきたツリツム婆さんがいた。雨崩には三つの大きな放牧地があって、牧草が少なくなると一つの場所から他の場所へ移動するのだ。シオノは、雨崩川最上部のシオノ・カールのなかにあり、七〜八軒の小屋がたつ広い放牧地である。

ここは、遭難した九一年の登山隊と、僕も参加した九六年の登山隊がともにベースキャンプとして利用した地だ。久しぶりに訪れたシオノは五年前と変わらないように見えたが、実は、僕たちの登山隊が去った直後に大雪崩に襲われていた。

「あのときの雪崩の音は、山一つ隔てた村まで聞こえた」

スナトゥルが真顔で言った。

九六年の登山では、頂上まであと五〇〇メートルにせまりながら、悪天の予報がきっかけで登山を中止した。僕は最後まで登りたいと訴えたが、叶わなかった。あのときもし、頂上にこだわって登山を続けていたら、どうなっていたのだろう。僕たちはいま、この世にいないかもしれない。それを知ったとき、人間を超える力の存在を考えずにいられなかった。カワカブのもつ神の気配を感じた。

シオノでは、倒されたという小屋はすでに再建されていた。が、山側を囲っていたはずの針葉樹はほとんど見当たらない。周辺には百本以上の樹が同じ方向を向いて倒れていた。その根元は岩壁に懸かった急峻な氷河を指し示している。おそらくあの懸垂氷河が崩れたのだろう。倒された樹のなかには、百年近い年輪を持つものもあった。

倒木帯のなかにどこからかゾムが現れ、何事もなかったかのように草を食べはじめた。自然に逆らう行ないの虚しさを知っているかのように……。

僕たちはアジャーの小屋でスシチーズをいただき、昼食にする。昼過ぎに出発。カールをとり囲む山の斜面を登ってゆく。樹林限界を越えるところで、登山隊が登った氷河や、C1をたてた雪原を見通すことができた。一九九六年の登山のとき、C1のテントを盗んだ連中は、この道から僕たちの様子をうかがったのかもしれない。当時は盗人がどこから来るのか見当もつかなかったが、五年たった今、彼らのたどった道を想像できるようになった。

見晴らしのよい草原の道をたどって、今晩の宿泊地のルセ放牧地に着く。対岸には、瀾滄江の深い峡谷を隔てて、飛来寺《フエイライ》の展望台が見えていた。いつもと逆から見る風景は新鮮だ。

暗くなる前に、近くの尾根を登りにゆく。尾根上から山の方角を見渡すと、真っ白い雪の頂がわずかに見えていた。その形には見覚えがあった。カワカブだ！　ここから見えるとは思わなかった。しかも雨季の最中に山頂が見えることなど滅多にない。珍しく運がいい。

しばらく見つめていると、谷から雲が押しよせ、眼下の草原を覆っていった。黒い影となった山々と雲海が重なり、壮大な水墨画を描いてゆく。やがて薄桃色の光線が、カワカブの背後から天に向かって伸びた。太陽が沈む瞬間の光だった。光の筋は数分で色あせ、あたりは暗闇に覆われていった。

その間、三〇分ほどだっただろうか。予期せず雲と光の織りなすシーンに出会えた幸運をかみしめた。小屋にもどると、スナトゥルが森でつんだキノコを料理して待っていた。

「小林《シャオリン》、先に飲んでたぞ」

スナトゥルが赤らんだ顔で言う。

「本当に酒《アラ》が好きだな。でもおかげでいい旅になった。ありがとう」

彼と囲炉裏を囲む最後の夜だ。これまでの感謝をこめて乾杯する。

九月一六日　曇りのち晴れ

翌朝、暗いうちに起きて昨日と同じ尾根に上がる。だが、カワカブは雲に覆われて見えなかった。草原の向こうには、一年前に小馬《シャオマ》と訪ねたことのあるジュズシゴン放牧地が見える。

九時過ぎに出発。この先はスナトゥルも僕もたどったことがない。一本道だと思って進んでゆくと森のなかに入ってゆき、別の放牧地に出てしまった。お互いに顔を見合わせて呆れる。このあたりに放牧地が多いことを実感する。

沢沿いのかすかな踏み跡を登りかえすと、ジュズシゴンの草原に出た。去年の六月には水を湛えていた池が、九月の今は干上がっていた。雨季の終わりが近いことを示すのだろうか。僕たちは一軒の小屋に入って、バター茶を飲むために火を起こした。

扉の外に広がる山々を見つめながら、僕は考えていた。カワカブを登山の対象として見ていたころは、雪山の下に広がる山腹を眺めても、そこに何も見出すことができなかった。しかし今ならば、森のなかに巡らされた道や、多くの放牧地を目で追うことができる。そして、草原に咲く花や、森に生えるキノコを想像することもできる。放牧地を行き来する人々の顔さえ、思い浮かべられるようになった。僕の心に映るカワカブの風景に、深さが生まれたのだ。

ジュズシゴンを出発するころには、青空がのぞきはじめる。近くの尾根に登ると、急角度で滑り落ちる明永氷河を見下ろすことができた。ここから明永村までの高度差は二〇〇〇メートル、道は瀾滄江までまっすぐ落ちる尾根上につけられている。

草原に別れをつげて下りはじめると、石楠花の混じる針葉樹林に入った。途中二つの放牧地を経由して、どんどん高度を下げる。明永村が近づくにつれて、湿気が少なくなってゆく。天気はすっかり回復して木漏れ日がさしてきた。

「雨崩の森とはずいぶん違うな」

スナトゥルがつぶやいた。

あの苔むした湿潤な森はここにはない。同じ時季でも、山に近い雨崩とそうでない明永では森の様子が違うのだ。ガマズミの赤い実や白樺の黄葉が、森の緑に映える。この辺りにはすでに秋の気配がただよっていた。

やがて、樹々のあいだから明永村の景色が見えはじめる。一カ月ぶりに再会する風景だ。薄く色づいたトウモロコシ畑に、人の姿が見える。

村のみんなに変わりはないだろうか。故郷に帰るようななつかしさを感じながら、チャシ一家の家を目ざして坂道を下る。カワカブの森と氷河を巡る旅が終わろうとしていた。

第五章　聖山とはなにか

聖山に出会う旅

明永村の行方

二〇〇一年の夏、モンスーンの季節のカワカブを訪ねていた。この夏は、雨崩村《ユイポン》を訪ねた前後に二回の遺体捜索を行なった。

一回目は八月の中旬、明永村《ミンヨン》の山々に松茸が生える時季である。雨季の最中に珍しく晴れた朝、チャシと馬経武《マーチンウ》とともに氷河沿いの道を登ってゆく。松茸を探しながら現場まで上がり、氷河に乗りうつった。春に遺骨を見つけたアイスフォールの落ち口へ行き双眼鏡をのぞくと、一〇〇メートル下流に遺品が見える。だが、そこへ行くにはクレバスにかかるナイフリッジを渡らねばならないため、回収作業を二人に任せる。彼らは、細い氷の橋に馬乗りになって渡っていった。

二時間後、もどってくる。チャシが苦笑いしながら言った。

「遺品の多くはクレバスの下に引っかかっている。ピッケルを紐で垂らして拾おうとしたら、ピッケルごと落としてしまった」

その手には、服やヘルメットの破片などがわずかに入った袋が握られていた。遺品は、氷河の流れとともに、春よりもさらにアイスフォールの内部へ移動しているようだ。もうじき回収できなくなるかも知れない。

岸へ引き返して、僕が村へ来る前に発見したという遺体を検分する。それは、今年の六月の捜索で見つかったものらしい。その遺体は、半身だけしかなかった。無残な姿だったが、多くの遺体を見てきた僕は、以前ほどショックを感じなくなっている。慣れで神経が麻痺しているのだ。

細かく衣服を調べたが、記名は見つからない。帰国後にはＤＮＡ鑑定も行なったが、身元を突き止めることはできなかった。この遺体は、身元不明のうち最大のものとなってしまった。この捜索を終えると次の捜索は一カ月後とし、そのあいだ雨崩村に滞在することにする。

二回目の捜索は、雨崩村からもどって一週間ほどたった日に行なった。チャシと二人で一カ月前と同じ林のなかを行くが、松茸はもう残っていなかった。

現場の氷河は夏の高温で氷が融け、ところどころ大きく陥没している。一〇メートル近い氷の段差に阻まれるが、チャシが見事に突破して氷河に乗りうつる。アイスフォールの落ち口には、前回よりさらに多くのクレバスが開いていた。双眼鏡をのぞくと二~三の遺品が遠くに見えるが、深いクレバスを越えることができず、何ひとつ回収できなかった。こんなことは初めてだった。

一九九八年に最初に発見された遺品は、氷河中流部の緩傾斜帯を三年かけて通過した。そして二〇〇一年のこの夏、未確認の三人を包みこんだまま、高度差五〇〇メートルのアイスフォールに飲みこまれていった。次にいつ捜索可能な場所に出てくるのか、この時はっきりしたことはわからなかった。

＊

九月の下旬、明永村に秋の風が吹きはじめている。松茸と放牧地の旅を終え、村を離れる日が近づいていた。

二年前この村に初めて滞在してから今回までに六回の訪問を繰り返したのは、この土地のすべての季節を見たいと思ったからだ。これまでに山麓で過ごした時間は一二カ月となり、旅の計画は終わることになる。この間、登山の対象に過ぎなかった「梅里雪山」が、聖山「カワカブ」へと僕のなかで変わっていった。

最初は、梅里雪山への新たな登山ルートを発見できないかという思いを抱きながら、この地へやってきた。しかし、そこに住む人と出会い、聖山への思いを知るにしたがって、その考えは変わりはじめる。それから一年後、二回目のカワカブ巡礼を終えたころから、僕の考えははっきりと変わった。

この山の周囲には、数万人のチベット人が山とともに暮らし、カワカブを最高位の神として信仰している。さらに、その人口を上回る数の人々が、遠い土地からこの山へ、ときには命を賭して巡礼にやってくる。

「聖山とは親のような存在だ」

かつて、チャシ村長はそう言ったことがある。カワカブに登る行為は、親の頭を踏みつけることと同じだと言った。彼の言う「親」とは、人間を誕生させ、育み、再びそこに還《かえ》らせるという命の源のような存在を指しているのではないか。

それに対して登山者は、「登ってはいけないならば、頂上の手前で引き返せばよい」と言うかもしれない。その考えに対して、チャシはきっぱりと言った。

「それは登ることと同じだ」

過去のヒマラヤ登山では、頂上の手前で引き返すという口実で、聖山の初登頂がなされたことがある。それは例えば、カンチェンジュンガやマチャプチャレという聖山だ。ヒマラヤ登山が、国の威信をかけて行なわれていた時代のことである。山を信仰する人々は、決してその口実を納得したわけではないだろう。頂上の手前までならいいというのは、私たち登る側に都合のよい理屈でしかないのではないか。

今から五〇年前には、敗戦後の日本が初めて八〇〇〇メートル峰のマナスルの登山を行なった。日本隊が山に登りはじめたとき、マナスルを信仰していた山麓のサマ村では病気や事故が相つぎ、登山への猛反対が起きた。その結果、日本国民の期待を背負った登山隊が、撤退を余儀なくされるという事件が起こったのだ。マナスルからカワカブにいたるまでの半世紀のあいだ、私たちは同じことを繰り返している。

聖山とは、そこに生きる人々が、自らの存在を賭けて信じているものである。外から来る人間が、登山のためにその信念を踏みにじることが許されるだろうか。僕は、カワカブに登ろうとは思わなくなった。いや、登ってはいけないと思うようになった。

チャシは続けて言った。

「なぜ我々の聖山に登ろうとするのか。チベットには聖山ではない山もある。そういう山に登ることまで、我々は止めない」

聖山とは人里から見える美しい山、または珍しい形の山であることが多い。人里から見えなければ、どんなに高い山でも聖山とはならないだろう。私たち登山者は、山とともに生きる人々の伝統に敏感になり、その山が聖山か否かを見分けなければならないのではないか。カワカブの麓で一年を過ごし、そう考えるようになった。

＊

毎回の訪問で楽しみだったのは、子どもたちの成長である。僕の部屋に最初に入ってきたスナツリ、「外国人だ！」と叫んだビンホー、お婆さんが亡くなったとき泣いていたツリジマとツリチートイ……。みな会うたびに大きくなった。

いちばん印象に残っているのは、カンテツリという男の子。最初に見かけたときはまだ赤ん坊で、歩くこともしゃべることもできなかった。

今回の訪問で三歳になったカンテツリと出会う。彼の家には、僕が撮った一歳の彼の写真が飾ってあった。

「アジチュレ（これは何）？」

写真をさしてチベット語で聞いてみる。

「ンガレ（僕だよ）！」

彼が叫んだ。そんなこともわからないの、という顔をしている。それは、初めてカンテツリと会話をした瞬間だった。さらに、写真に写っている小さなオチンチンを指して言ってみる。

「アジチュレ、アジ（これ）？」

「キャハハハハ！」

カンテツリが笑い転げた。僕の胸に嬉しさが込みあげる。日本人とチベット人の違いを超えて、何かが通じたような気がしたのだ。

チャシ家では、一度目の訪問のときに一二歳の娘ペマツォモが中甸《チョンディエン》の中学校に入学し、一一歳の息子ディディーが隣村の小学校に編入した。ペマツォモの勉強はその後も続いていて、近い将来には明永村で初めて英語を話す村民が誕生することになる。

ディディーはというと、一年もたたないうちに学校を辞めてしまった。

「俺に似て、勉強の方はさっぱりなんだよ」

チャシが笑いながら言った。だがその後、村の男としてのディディーの成長は目覚ましい。

　そんななかで、一人だけ変わらない子どもがいる。病気で成長の止まったマムは、二年のあいだ容姿も話し方もほとんど変わらなかった。変化の速い明永村で、時間の止まったような彼女の存在は、特別な意味を持つようだった。

＊

　この間の最も目覚ましい変化は、村の開発が進んだことだろう。

　初めて明永を訪ねた九八年の夏、この村には車道がなかった。その年の秋に車道が通じることになる。

　村に通いはじめた九九年には、太子廟の横に山荘が建設され、観光地としての整備が始まる。

　二〇〇〇年には村から山荘までの遊歩道が整備され、氷河を見るための観光客が訪れるようになった。村人は、観光客をラバに乗せる仕事を始め、安定した現金収入を得るようになる。この年、手間のかかる蕎麦の栽培をやめた。

　村に電気が入ったのは一九七〇年代の後半である。その後の二〇年間は、各家庭に裸電球が数個灯《とも》るだけだった。だが、道路が開通したころからテレビを所有する家が増え、二〇〇一年の今では半数以上の家庭がテレビやラジオを持つようになった。同時に電話も入った。

明永村に電化製品が入りはじめた時期に、ちょうど僕は居あわせたことになる。物や人が増えるにつれ、村に流れる時間はすこしずつ速くなっていった。

「明永村はどんどん変わるね」

村を離れる前日、僕はチャシに尋ねた。

「そうだ。この村には、毎年新しいものができている。来年はもっとよくなるはずさ」

彼は自信に満ちていた。確かに村人の目は輝いている。

チャシは続けて言った。

「今は村の外から来た連中が、道路沿いに民宿を建てているだろ。でも俺たちは近いうちに、自分の家に旅行客が泊まれるようにする。チベット人の暮らしを体験してもらうんだ」

この考えには驚かされた。中国ではいま、一極集中型の大観光地とは別に、地域色を生かした場を模索する動きがあると聞いたことがある。彼は、観光地としての村の将来像を明確に考えているのだ。

　僕は尋ねた。

「でもそうすると、明永村は観光客の民宿街になってしまうのかい？」

「そうじゃない。俺たちは、農民だから自由なんだ。チベット人としての伝統に誇りをもっている」

　その言葉は、自分たちが何者かを認識し、これからの生活に何が必要かを見極めようとするものだった。

　さらに問う。

「明永村はこのままゆくと、もっと裕福になるだろ」

「そうだ」

「そうすると、カワカブは神様のままでいられるんだろうか」

　その問いに対して、チャシは力強く答えた。

「俺たちはカワカブがあるから生きてゆけるんだ。カワカブが神の山でなくなったら、俺は死んでもいい」

　彼はチベット人の伝統を背負いながら、同時に中国に属する村の将来を考えている。両者の責任に、静かに耐えているようだった。彼がいる限りこの村がとんでもない方向に進むことはないだろう。明永村の将来を見続けてゆきたいと思った。

九月末の朝、明永を出発する。チャシーとアニー（お爺さん）が、車道まで見送りに来てくれた。

「またいつでも来い」

チャシがそう言うと、アニーもうなずいていた。

今回で、すべての季節を訪ねる旅とともに、遺体の捜索もくぎりを迎えることになる。次にいつ来られるかわからないと、チャシに伝えていた。

二人と軽いさよならを交わした。車が動き出す。車窓から村の風景を追いかけた。明永村のいまの姿を、胸に刻みこもうとしていた。

再会

二〇〇二年、二年間続いたカワカブ通いが一段落し、日本に落ち着く日々が続いていた。チャシと別れてから一年がたつころ、徳欽《デーチン》の知人から一通の電子メールが届いた。そんなことは初めてである。差出人はパソコンを持っていた県旅游局のルゾン。一体どうしたのだろう。漢語で書かれたメールを、辞書を片手に読みはじめた。

コバヤシさん
ニイハオ！　ルゾンです。このメールは、チャシ村長からの伝言です。受けとったら返事をください。
「二〇〇二年八月一日、明永氷河上で登山隊員の遺体と遺品を発見した。確認したのは次のものである。
全身のそろった遺体、少量の骨片、靴、衣服、寝袋、カメラ
徳欽県の指示で、これらの物を氷河上から岸の安全な場所に移動した。できるだけ早く明永に来て回収してほしい。
明永村　チャシ　携帯電話：139―……」

遺体が発見されたのだ！　まさか、今年出てくるとは思わなかった。しかも、そ

の知らせが電子メールで届いて、そこに携帯電話の番号が書かれているとは。明永や徳欽は、この一年でまた変わったのだ。早速、携帯へ電話をかけると、受話器から聞こえてきたのはなつかしいチャシ村長の声だった。相談の結果、一〇月末に現地へ行き、遺体を収容することに決める。

その報告を日本側の遺族にお伝えすると、六人の方から同行したいとの申し出があった。そこで今回は、遺族の方々とともに明永村を訪ねることにした。

一年ぶりの訪問である。この年の春には中甸の街が「香格里拉《シャングリラ》」と改名していた。嬉しい再会になるはずだったが、出発の二週間前に悲しい知らせを聞いた。それは、仕事でチョモランマの麓にいたときのことだ。チャシに声を聞かせようと思い、電話をかけた。

「……それじゃ、今月の末に明永へ行くからな。ところで、家のみんなは元気かい？　アジャー（お婆さん）はどう？」

「元気だ。毎日働いている」

「アニーはどうだ？　関節痛は良くなったかな？」

「父はいない……」

「えっ、いないってどういうこと?」

「今年の五月に病気で死んだんだ」

「なんだって!」

信じられない言葉に仰天した。もう一度聞き直したが、冗談でないことはチャシの口調でわかった。

そんな馬鹿な! これまでに何度も電話をしたじゃないか。どうしてそのとき教えてくれなかったのだ!

悲しみとともに、悔しさがこみ上げてくる。この五カ月間、アニーが亡くなったことを知らずに過ごしていたのだ。そんな自分が、どうしようもなく悔しかった。

*

一〇月の末、六人の遺族と僕は無事に徳欽へ到着した。六人のうち四人は高齢のため高山病や旅の疲れを心配したが、みな元気な様子だった。晴れ渡る空とカワカブが迎えてくれる。着いた初日にカワカブが見えることは珍しい。

明永村はトウモロコシの収穫の最中で、家の屋根が黄色く染まっていた。まず村長の家を訪ねる。

あいさつをして玄関に入ったとき、「小林《シャオリン》が来たぞ！」というアニーのいつもの声が聞こえたような気がした。

居間に入ると、アジャーが一人でバター茶を作っていた。漢語の通じない彼女に、何と言葉をかけたらよいのかわからない。「アニー……」と言いかけると、言葉につまってしまう。アジャーの目に涙が浮かんでいた。その涙を見て、アニーの死が真実であることを知った。

チャシがもどってくる。彼は変わらず健康なようで安心する。遺族の方とともにバター茶と胡桃をいただきながら、今回の計画について話をした。

チャシの家を出ると、みなで村のなかを通って今日の目的地の太子廟へ向かう。途中で、去年はなかったものにいくつも出合った。

何軒かの家には真新しい洗濯機が置いてあった。麦畑の一角には小さな下水処理場を建設中で、周囲の桃の木が伐られていた。仏塔《チョルテン》の周りの道が舗装された。馬経武家の娘たちは、徳欽の小学校に通うため村にはいなかった。四歳になったカンテツリが、走り回りながら出迎えてくれた。

その晩は太子廟の山荘に泊まった。

翌朝、朝日に染まるカワカブを全員で見る。今回初めて参加した方々は、天から光が降りるその光景を、息を呑んで見つめていた。

朝食後、氷河の岸へ下りてゆき、石を積んで小さな碑をつくる。線香をあげて、氷河に向かいながら一人ずつ手を合わせた。ここまで来ることができて良かったと、心から感じる瞬間だった。

その後、黄葉した林をぬけて、新しくできたという展望橋へ向かう。どんなものができたのかと思っていたが、その橋を見ると度肝をぬかれた。五〇〇メートル以上の回廊のような鉄橋が、氷河の岸壁に沿って設置されていたのだ。そこを歩いてゆくと、これまで見たことのない氷河の風景が目の前に広がる。まるで空中から氷河を見下ろしているようだった。同行の遺族よりも、僕の方が興奮していた。

村での三日目、チャシと四人の村人とともに氷河へ向かう。毎年続く寡雪のため、氷河全体の高さが低くなっている。最初の年に使った踏み跡は、氷上から一〇メートル近く上にあった。その結果、この夏には氷河の覆いを失った斜面が崩壊し、それに伴って鉄砲水が出たという。氷河縮小の影響が目に見える形で現れはじめていた。

遺体発見の現場は、アイスフォール途中の傾斜が緩くなった地点だった。想像以上に流下速度が速く、しかも予想より岸に近いところに露出したため、収容することが可能になったのだ。それでも、現場付近には大きなセラック（氷塊）が重なりあって、恐ろしい様相を呈している。

氷河上の捜索はチャシと村人に任せ、僕は電子メールで連絡を受けた遺体の確認を行なう。

収容物は厳重に袋に入れられて、氷河から離れた場所に安置されていた。袋を開けると、独特のすえた臭いがただよう。遺体は、ほぼ全身が寝袋に入っていた。着衣を一つずつはがして記名を調べてゆく。だが、どこにも見つからない。最後に寝袋を確認すると、そこにあった。

「S.Funahara」

船原尚武、神戸大学山岳部から参加した隊員だった。そしてそれは、今回明永村まで来ているご両親の子息だった。七二歳と七一歳のお二人は、この四年間息子の遺体が見つからないことを憂い、今度こそはと願ってこの旅に参加したのだ。

チャシたちは、布を一枚回収しただけでもどってくる。足場が悪く、動き回れなかったらしい。

夕方、遺体を背負って村にもどる。ご両親が我々の帰りを待っていた。お二人に発見時の状況を話し、切りとった衣服を見ていただく。父親はそれをじっと見つめたあと、迷いなく言った。

「間違いありません」

やっと見つかったという安堵と、よみがえる悲しみが、入り混じる声だった。

この発見によって、これまでに確認された隊員は、一七人中一五人となった。

その二日後、大理《ダーリー》の火葬場へ移動する。火葬が始まる前、ご両親は自らの希望で遺体と対面した。全身とは言っても、完全なものではない。悲しみが大きくなるのではという不安があったが、対面を果たしたあとのお二人の反応は違っていた。間違いなくご子息だと確認することによって、深い納得をされたようだった。それを知ったとき、僕は一人の遺族の言葉を思い返していた。

初めて遺体が発見された年、現地の火葬場まで駆けつけた家族に対して、私たちは火葬の終わった遺灰をお返しした。それを受けとった方々は、呆然とした様子だった。

数年後に、当時の心情をお一人から聞く機会がある。あのときその方が呆然としたのは、重い骨壷をかかえても、「これが彼?」と思うばかりで、まったく実感がわかなかったからだという。

その方はそう語った。

「どんなに悲惨でも、そのままの姿を見たかった」

損傷のあまりに激しい遺体、大勢の遺族への対応、時間的な問題……。いくつもの理由から、それぞれのご希望に細かく対応することができなかった。

お一人お一人によって、思いは違うだろう。すべての方が、対面したかったわけではないかも知れない。だが、今回遺体と対面されたご両親の会得された表情は、強く印象に残った。

*

明永村で遺体を収容した日の夜遅く、最後の打ち合わせをするために、チャシの家を訪ねる。今回は僕も遺族とともに民宿へ泊まっていたので、彼とゆっくり話す時間がなかった。

チャシは、一人で居間に座って待っていた。いつもならすぐに酒《アラ》を飲みだすところだが、明日帰らねばならないため、先に支払いを済ませることにする。

搜索に関する費用は、村人だけの捜索を始めた二年前に、チャシと僕のあいだで次のように決めていた。

・遺体・遺品の搬送を行なう場合
　遺体一体につき、八〇〇元（一元は約一四円）
　遺品一袋につき、二五〇元
・捜索だけを行なう場合
　一人につき、七〇元

この他にチャシに対して、装備の保管料、宿泊代などを払う。

今回の費用は、合計で二五〇〇元（約三万五〇〇〇円）となった。この金額は、中国の農村ではそれなりの大金である。

遺体・遺品の搬送を行なう場合、実際に働いた人の報酬は一人一〇〇元程度で、残りは村の全家庭に配分するらしい。一〇〇元は普通の村では高収入だが、明永村では観光客相手の仕事が頻繁にあるので、嫌な仕事をしてでも欲しい金額ではない。そのため、遺体や遺品を降ろすときはチャシが全家庭に声をかけてくじ引きを行ない、負けた家が人を出すことになっていた。

遺体搬送をせず捜索だけを行なうときは、チャシは自分の親類にしか声をかけなかった。もし事故が起こった場合、親類の方が対処しやすいからだと彼は言う。捜索によくつき合ってくれたのは、チャシの弟の馬経武《マーチンウ》と小馬《シャオマ》。二人は遺体捜索が村の水源を守ることを理解し、僕の事情についてもある程度共感して、献身的に協力してくれた。

遺体を降ろすとき全家庭に収入が入る仕組みは、捜索活動を円滑に進めるために役立った。それによって、登山隊や日本人を嫌う村人も、表だってこの仕事に不満を示すことはなかったのだ。チャシの才覚と統率力のおかげで、捜索活動は支障なく続いてきた。

費用を払い領収書にサインをもらうと、金の話は終わりだ。酒《アラ》を飲みながら、互いにこの一年のことを話した。僕はカワカブの写真を掲載した雑誌を見せた。彼はそれを見ると、自分のことのように喜んでくれた。チャシは、氷河沿いの展望橋のことを自慢した。鉄橋の設置位置に関して、彼の意見がいくつも生かされているらしい。

話が一段落したとき、仏壇にアニーの遺影を見つけた。初日に来たときには慌しくて、しっかりあいさつしていなかった。小さな写真に納まったアニーを見つめると、一緒に過ごした時間がいくつもよみがえって、涙が出そうになる。言葉はわずかしか通じなかったのに、これほど思いがこみ上げるのはなぜなのだろう。遺影に手をあわせて最後のあいさつをする。涙が落ちる前にチャシの家を出た。

翌朝、私たち一行は明永村を離れた。徳欽に来てから、五日続けて山が見えていた。雨季が明けた直後の一〜二週間だけ、こんな好天が続く。同行された遺族の方々は、心ゆくまでカワカブと対面できただろうか。私たちは慰霊碑の前で、もう一度カワカブを見上げた。

山の見え方は、人によって違う。遺族にとってこの山は「梅里雪山」であり、魔の山であり続けるだろう。明永村を訪ねた方は、この山にも明るく豊かな一面があることを感じたかもしれない。亡くなった一七人にとってこの山は憧れであり、生を実感する舞台だっただろうか。

僕の目に映るカワカブの風景は、以前とは違うものになっていた。登山をしていたころは雪を被った山頂部しか見ていなかったが、今では雪山の下に広がる山腹にさまざまなものが見えるようになった。森の隣を流れる氷河や、雪氷の世界から森林を経て乾燥地へと続く鮮やかな垂直分布、そして森のなかに隠された道や放牧地。そんな以前は見えなかったものがはっきり見えるようになったのだ。

カワカブの山腹には、一つの完結した世界があるようだ。高峰に季節風《モンスーン》がぶつかって大量の雪が降り、氷河と森がつくられる。その氷河の水と森の幸によって、乾燥地に暮らす人間が生かされている。つまり、カワカブが生き物を育んでいるのだ。

瀾滄江《ランツアン》(メコン川の上流)を隔ててカワカブの対岸に立つと、そんな自然の仕組みを一望することができる。命が生まれ、営み、死んでゆく、その風景を見渡すことができる。チベット人がなぜこの山を聖山として崇めるのか、ようやくその理由がわかるような気がした。

山頂に雲がかかりはじめていた。私たちが帰りはじめるとき、その姿はゆっくりと雲のなかに消えていった。

六〇年に一度の巡礼

チベットの山や湖は、伝説上の生年によって干支が定められている。一般に、山は午《うま》年、湖は未《ひつじ》年、森は申《さる》年だという。カワカブは、湖のなかから生まれたという伝承にちなんで、山としては例外的に未年とされる。正確には、「水の未」年、未月末日の生まれと伝えられている。

平成一五年（西暦二〇〇三年）の干支は癸未《みずのとひつじ》（水の弟未）、チベットの暦では「水の女羊」である。この年は、六〇年に一度のカワカブの干支にあたり、チベット中からカワカブに巡礼者が集まるという。チャシ村長と僕は、未年になったらカワカブ巡礼へ一緒に行こうと約束していた。二〇〇三年の秋、それが実現することになったのだ。

カワカブの巡礼は、一生に三度行くことが望ましいと言われている。一度は父のため、一度は母のため、一度は自分のためである。これまでの二度の巡礼を振り返ると、どちらも自分のために回ってきたように思う。カワカブの周囲の景観を探ることが、目的の主眼だった。だが三度目は、一七人の遭難者の弔いを第一にして、真の意味での巡礼をしようと心に決めていた。

未年の巡礼路

今回の旅の道連れは、チャシ（四一歳）・ゴースィン（三八歳）・ニマ（二二歳）の三人と、ラバのフリ（メス一三歳）・ラム（メス一〇歳）の二頭。フリを除いて、過去二回からメンバーが一新した。ニマという青年は、二回の巡礼行をともにしたチャシニマの息子である。五年目にして早くも世代交代となった。

一〇月中旬の晴れた朝、一四日間の巡礼の旅に出発する。ゴースィンとニマがラバを引いて先行し、チャシと僕はその後ろをマイペースで行く。三年ぶりの茶馬古道では、新しい家をいくつも目にした。

二日目。羊咱《ヤンザン》（ヤツァ）村は、多くの巡礼者が巡礼の出発点とする場所だ。トラックでやってきた五〇人以上の団体が、道端で食事をしていた。道路沿いの売店が以前より増え、小ぎれいな民宿まで建てられている。それだけ巡礼者が多いのだ。

今年が特別な年であることを感じさせる。

瀾滄江にかかる橋で、人数調査をしている調査員に会う。この橋を通過する巡礼は一日に四〇〇人から一五〇〇人、今年に入ってからの総数は二〇万人にのぼるという。

三日目、数組の巡礼者と前後しながら、山の奥へ入ってゆく。三年前には何もなかった山道に売店がつくられ、簡易テントの宿までできている。峠の売店は、水やジュースを求める巡礼者で賑わっていた。なかには、カメラの電池はないかと聞く人までいる。信じられない変わりようだ。

峠の先にある焼香台には、以前の倍以上のラテ（祈禱の旗）が祀られていた。焼香台の周りはお供えのツァンパで真っ白だ。売店の数だけではなく、信仰心の強さも増しているようだ。

道は山腹の樹林帯となる。一人で歩いていたときには気づかなかったが、チャシと二人で歩くことで、巡礼路の道端にご利益を得るための場所がいくつもあることを知る。例えば、活仏《ラマ》の手形が残る岩や、触れると脚の痛みが消える石、巡礼路に入るための鍵を授かる洞穴などさまざまである。木の幹にたくさんの小石が糸でぶら下げられているのは、石とともに厄を払うという意味らしい。

四日目。テント泊の昨夜は、寒くてみな熟睡できなかった。いつもより早く出発してドケラを目ざす。峠へ続くカールでは、いくつもの集団が火をおこして茶を沸かしていた。一般の巡礼者は暗いうちに出発して、日がさしてから朝食にするのだ。やはり、朝方は寒くて寝ていられないのだろう。一つの集団に声をかける。

「どこから来たのですか」

「青海省の玉樹《ユィシュ》からだよ。この先に一〇〇人くらいの仲間がいる」

「記念に写真を撮っていいですか」

「いいとも、あとで送ってくれよ」

リーダーらしき人がポーズをとりながら返事をくれる。

ドケラへ向かうつづら折りの道に、巡礼者の行列が見える。標高が四〇〇〇メートルということをのぞけば、まるで日本の夏山のようだ。黄葉した草に空の青さが映える。三年前に雪で苦労したことがなつかしい。

峠の手前で、小石を積んだ小さな「家」をいくつも目にした。死後生まれ変わるまでのあいだ住む家だという。見晴らしのよい場所に、みな思い思いの形でたててゆく。僕の前を歩いていた少女も、かわいらしい家を一つ作っていった。

ドケラには、数え切れないほどの祈禱の旗が祀られていた。前回の一〇倍近くありそうだ。これらの旗の一枚一枚に願いが込められていると思うと、そのエネルギーの大きさに圧倒される。六〇年に一度の巡礼の年ということが、実感としてわかってきた。

五日目の朝は、杖にする竹を探すことから始まる。ル・ワスィラの手前の沢沿いには、巡礼路上で唯一竹が自生している。巡礼者はここで必ず「ガトゥ」と呼ばれる竹の杖をつくるのだ。人々は目あての竹を決めると、下から五つの節を数えて両端を切り、上端を尖《とが》らせる。巡礼中は、杖の先に聖水や土を入れて、針葉樹の葉をさす。その杖はカワカブを巡礼した証として家まで持ち帰り、家宝にするのだ。

一度目と二度目の巡礼では、撮影の邪魔になるため僕は竹の杖を作らなかった。しかし今回は、一七人の追悼のために歩く。初めて自分用のガトゥを作った。チャシが選んでくれたのは、直径三センチもある太い竹。ずっしりと重い。この杖を最後まで持ち続けることが、今回の巡礼の大切な使命である。

梅里雪山の遭難が起こったのは、ちょうど一二年前の未年。あれから干支が一回りした。未の山カワカブの不思議な因縁である。

ル・ワスィラがカワカブの四方にある聖地の一つだとわかったのは、二年前に雨《ユイ》崩《ポン》の山を旅したときのことだ。そこは南《ル》の聖地だった。

今年のル・ワスィラは、すさまじい様相を呈していた。焼香台の周りには、祈禱の旗が幾重にも重ねて祀られ、足の踏み場もない。峠に続く道の片側にはツァンパが小山のように盛られ、そこに何十ものお椀が埋められていた。道のもう片方には無数の古着が放置され、持ち主を思わせる写真が添えられているものもある。それらを見つめて立ちつくす僕に、チャシはこう言った。

「小林《シャオリン》、このお椀や服が何だかわかるか。これはほとんど亡くなった人のものだ。ここは死者の遺品を祀る峠。死んだ俺の父の椀も、去年巡礼者に託したからどこかにあるはずだ」

「そうだったのか……」

この峠がほかの峠と違う理由を初めて知る。よく見ると、どのお椀にもツァンパがなみなみと盛られていた。小さな衣服に添えられた写真には、幼い子どもが写っていた。

晴れた空には、カワカブがくっきりと見える。谷底から山頂まで急峻な岩壁がそびえる様は、生き物を拒絶するかのように圧倒的だった。この山は、生命《いのち》を奪う魔の山である。

だが一方で、カワカブには逆の面もある。山頂に降った雪が水をもたらし、その水によって森が育ち、人や動物の生活が成りたっている。カワカブは、生命を殺す魔の山であり、生命を育む豊穣の山であり、心のより所となる神聖な山だった。

チャシが針葉樹の葉を焚いて焼香を始める。持参した五色の旗を、無数の旗のなかに結ぶ。亡くなったアニーのことを思っているのだろうか。

僕はカワカブを見上げて、一七人の名を一人ずつ呼んだ。そんなことをするのは初めてだが、自然にそうしたいと思ったのだ。峠にいる一団から、読経の声が聞こえてきた。

六日目の朝、ロントンラの手前で、カワカブの西稜が雲海に浮かぶ姿を目にする。早立ちして登ってきた一行も、しばし足を止めて後ろを振り返っている。梅里雪山一周の巡礼路で、カワカブが見える場所は数カ所しかない。その他の場所では、カワカブはまったく見えないのだ。巡礼者は見えない山を思いながら、一〇日以上要する道を歩き続ける。

この苛酷な道を、彼らはなぜ巡るのだろう。前回の巡礼では、雪の降るドケラ峠を命の危険を冒して越えようとする巡礼者に出会った。

チベット人は、回るという行為に重きをおく。お経の入ったマニ車を回し、寺院の周囲を回り、聖山や聖湖の周りを回る。回る行為は、お経を読むことと同じ価値があるという。

カン・リンポチェ（カイラス）という聖山を巡礼する人々に、その目的を尋ねたところ、判で押したように同じ答えが返ってきたと聞いたことがある。曰《いわ》く、「現世の幸せのため」、そして「よりよい来世のため」。過去に犯した罪を帳消しにするため巡礼する人もいるという。カワカブで出会った人のなかには、病気がちの体を治すために巡礼するという人もいた。

なぜカワカブを巡るのかということを、三度目の巡礼を歩く僕は、以前ほど不思議に思わなくなっていた。自分たちを生かす存在に近づいて、その周囲を巡るという行為が、自然なことと思えるようになったのだ。

カワカブの巡礼はいつごろ始まったのだろう。仏教が伝わる以前、この地方にはロンツェン・カワカブという鬼神がいた。それは九つの頭と一八の腕をもち、人間に災いをもたらす恐ろしい神だった。チベット仏教ニンマ派の開祖グル・リンポチェは、この土着の神を降伏し、仏教の守護神にしたと伝えられている。生まれ変わった神は、ネンチン・カワカブと呼ばれる。グル・リンポチェは八世紀に実在したとされる人物だ。カワカブの巡礼路沿いの岩には、彼の足跡とされる印が残されている。梅里雪山の巡礼は一〇〇〇年以上前から行なわれていると聞いたことがあるが、その数字は大げさではないのかも知れない。

午後、アベンの先の仏画が彫られたゴルジュをぬけて、怒江《ヌ》にいたる。支流と本流の出合近くで、無残な光景を見た。道路工事の発破のためにゴルジュの側壁が大きく崩され、その土砂によって支流の流れが堰き止められているのだ。車道の開通は地元の念願かもしれないが、粗末な工法に不安を覚える。その先の本流沿いでも、あちこちで道路工事が行なわれている。政府指導による西部大開発が、こんな山奥にも及んでいた。

温泉のわくチュジュには、宿泊用の小屋と売店が建てられていた。何十人もの巡礼者が泊まっている。が、付近にトイレがない。みな河原で用をたすため、近づくとひどく臭《にお》う。これにはチャシも閉口している。

「土地が広く乾燥したチベット高原から来る人は、トイレのマナーが悪い」と彼は言っていた。

ゴミも目につく。みな道端に投げ捨てるので、巡礼路沿いにゴミが散乱している。集めて燃やす人はいない。火は神聖なものなので、チベットでゴミを火に入れることはタブーなのだ。

トイレにしてもゴミにしても、通常の年の巡礼者数ならば、あまり問題にはならない。六〇年に一度という神聖な年のために問題となる皮肉な現象だった。

聖地の意味

今回の旅の目的の一つに、北の聖地ション・ツゲを探すことを考えている。カワカブの四方にある聖地のうち、東と西と南の地はこれまでに訪ねた。だが北《ション》の聖地は、探してもその所在はわからなかった。

その後、このあたりを歩いた植物写真家の紀行文を見つけ、そのなかにション・

ツゲらしき場所が書かれていることを知る。添付の地図によると、ツゲはノ・ジャジンの近くにあるようだった。

七日目の夕方、ロンプ村に着き、前回と同じタージュインの家に泊めてもらう。彼女の家では以前の小さな建物をとり壊して、ひと回り大きな家を新築していた。これまで世話になった雨崩村出身のお婆さんは、今年初めに亡くなったという。ここでも三年という月日がたしかに流れていた。

家の主人のアスィンに、ション・ツゲへの行き方を尋ねる。

「ツゲへ行くには、まずジャジンに向かえばいいのですか？」

「いや、それは違う。ジャジンから行くと遠回りになるうえに、馬は通れない悪路になる」

「えっ？」

出だしから話が合わない。紀行文の地図に問題があるようだ。別の地図上でアスィンに指し示してもらうと、ツゲは予想していたカワカブの北側ではなく、梅里雪山第二の高峰・チョタマの北側にあることが判明する。そこへ行くにはロンプ村からではなく、この先のラダ村からの方が近いという。ジャジンに入る予定を急きょ変更して、ラダ村へ向かうことにした。

翌日から二日かけて巡礼路を先に進む。

九日目の夕方、ラダ村に到着した。ラダは戸数六〜七戸の小さな村である。アスィンに紹介してもらったガウの家を訪ねる。ガウは威厳のある風貌をした五八歳の男。チャシにチベット語の通訳を頼んで、ガウに尋ねる。

「村からツゲまで道はありますか」

「今年、森を開いて近道を作った。それでも一〇時間かかる」

ようやく、ツゲが近づいてきたようだ。

「ション・ツゲはどんな所ですか」

「わしらは毎年数回お参りに行くが、村以外の者が行くことはほとんどない。ツゲと呼ばれる湖は、カワカブのための茶碗と言われていて、昔は二匹の金の魚が棲んでいたという」

「なにか危険はありますか」

「ツゲの周りには狼がいて、ときどき家畜を襲う。ラバは気をつけた方がいい」

ゴースィンとニマが目を見あわせる。

「チョタマという山を知っていますか」

「わしらはその山を『カワカブ』と呼ぶこともある。（最高峰の）カワカブの伯父にあたる山だ」

ここまで聞くのに一時間以上かかった。僕の漢語の語彙が少ない上に、チャシとガウのあいだにも方言の違いがあるためだ。四方の聖地についての謂《いわ》れを聞きたかったが、話がうまくかみ合わないのであきらめる。ガウは盛んに酒《アラ》を勧めてくれた。

翌日から二日にかけてツゲを往復することを決める。道案内は、ガウの息子のチュディン（一五歳）が引き受けてくれることになった。

一〇日目。昨夜飲みすぎたようで気分が悪い。巡礼も三回目になって緊張感が弛んでいるのか。朝食はほとんど食べられず、夜明け前に出発。

樹林帯の急な坂道を登ってゆく。今日は三つの尾根を越える予定だ。三時間登ったところで、一つ目の尾根へ到着。そのポヤと呼ばれる峠で昼食にする。あたりは紅葉に染まっていた。チョタマ北面の上半分が正面に見えている。ずいぶん遠くに見えるが、あの直下がツゲだ。

ポヤ峠からは、灌木に覆われた山腹を延々とトラバースして、カールのなかにたつドゥル小屋へいたる。そこからガレの斜面を斜上して二つ目の尾根のアテラグ峠へ出るころには、想像以上に長い道にみな疲れがではじめていた。

さらに広いカール地形を横切って、出発から約一〇時間後に三つ目の尾根のソンチェラ峠へたどりつく。そこで初めてチョタマ北面の全貌と、ツゲへ続く氷河を目にした。

「アッラソロー！」

祈りの言葉が、思わず口からもれる。

氷河を目ざして下ってゆく。二〇分ほどで、氷河の岸に広がる谷状の草原に出た。そこは黄葉した草に覆われていて、巨石が点々と転がっている。草原と氷河を仕切るモレーン（堆石による小尾根）には唐松が生え、夕陽をうけて黄金色に輝いている。その奥に、チョタマ北面の大岩壁がそびえていた。美しさと険しさが混在するところだ。疲労困憊していたが、無理をしてでも来てよかったと思える風景だった。

草原のいちばん端に緑色の小さな池を見つける。それがツゲだった。

「白くないな……」

チャシと僕は顔を見あわせる。「ツゲ」という呼び名から、白い（ケ）・湖（ツ）を想像していたのだ。

「ツゲの『ゲ』は、正確には『グェ（丸い）』だよ」

チュディンが教えてくれる。

確かに端正な円形をしていた。山奥に人知れず存在するその姿は、まるで別世界への入り口のようだった。この池は、数万年前の氷河時代の名残だろう。池の姿が悠久の時の流れを静かに物語っている。池のほとりにはラテが祀られていた。

何年ものあいだ想いをよせていた四つ目の聖地に、こうしてたどりつくことができた。腱鞘炎になりながらも、ガトゥを離さず持ってきた。疲れた体に鞭打って、僕は夕陽が落ちるまで写真を撮り続けた。

その晩は、草原のなかにたてられた石造りの小屋に泊まる。

「辛苦了《シンクーラ》（お疲れさま）！　今日は本当にありがとう」

僕一人の希望のために、ここまでつき合ってくれた四人に礼を言う。彼らは半分呆れた顔で笑っていた。

翌朝、朝食の前にみなでツゲの池の周囲を回り、ラテに囲まれた場所で焼香する。

大麦を天にまいたあとで、チャシがこう言った。

「一昨日、ガウが言おうとしたのはこういうことだ。四方の聖地は、人が巡礼に行くためのものではない。そこから先に人間は入ってはいけない境界のようなものだ」

僕はうなずいた。確かにそうなのだ。この池の向こうには、長大な氷河と、氷と岩でできた雪山が広がるだけだ。人間が利用できる土地は、ツゲの草原までである。ノ・ジャジンもル・ワスィラも、そこから先は氷と岩の世界になる。生身の人間が踏みこむことは危険なのだ。その先は、神の領域となる。

二年前、雨崩の山を歩いたときのことを思いだしていた。あのときも、カワカブの周囲には広大な森が広がり、無数の谷が刻まれていることを実感した。梅里雪山を歩いて驚くのは、そんな自然の広がりとともに、その奥深くまで人間の痕跡が見られることだ。この地に暮らす人々は昔から山に深く入りこみ、利用できる土地を広げてきたのだ。そして同時に、人間と神の境界を定めてきた。険しい自然に分け入る過程で、命を落とした人も多かったに違いない。そのようにして人と自然が対峙してきた結果、四つの聖地を始めとする数々の神話が生まれたのではないだろうか。

自然と人間のあいだには、緊張感が本来ある。その感覚は、自分の体にも遠い記憶として残っているような気がする。僕がカワカブに魅《ひ》かれるのは、美しさや豊かさとともに、自然が本来もつ恐ろしさをこの山に感じるからだ。

カワカブの巡礼路や四つの聖地は、いつ、誰が定めたものなのだろう。そこには、神話や伝説がもっと存在するのではないか。チベット語を直接聞きながら、そんな伝説を探る旅ができたら素晴らしい。この山を知れば知るほど、未知の事がらが増えてゆく。

この日は、ラバを気づかう四人との約束なので、巡礼路近くのポンシュ小屋へ引き返した。

翌日シュラを越え、瀾滄江沿いの茶馬古道を歩いて、一四日目に明永村へもどる。家に入ったとき、アジャー（お婆さん）がチャシを見つめた安堵のまなざしが印象的だった。

三度目のカワカブ一周は、梅里雪山を巡る旅のなかで一つのくぎりとなった。一七人と正面から向かいあい、純粋な気持ちで彼らを追悼することは、僕にとって初めての経験だったと言ってもいい。これまでにも追悼に近い行為はしてきたが、今回ほど落ち着いた心境にはなれなかった。機が熟さず、心の余裕がなかったからだろう。死を受け入れること、目の前の骨を拾うこと、そして聖山とはなにかを探ることに、これまでは必死だった。遭難から時間がたって、初めて本当の巡礼を果たすことができたのだ。

今回持ち帰った竹の杖は、真の巡礼の証である。そのガトゥは、チャシのものと一緒に彼の家に置かせてもらうことにした。竹を切りだしたときに比べると、地面との摩擦で五センチもすり減っていた。何十年かのち、この杖を見ながらチャシと思い出話をする日がくるだろうか。その日のことを想像しながら、僕は仏壇の横にガトゥを立てかけた。

最後の友を探して

一六人目の確認

「遺体が見つかったって本当か？」

二〇〇三年の九月、昆明《クンミン》から届いた「遺体発見」の報を知って、僕はチャシ村長へ電話をかけた。

「ああ、現場を通りかかった村人によると、アイスフォールの下に三つの遺体と多くの遺品が見えるらしい。明日、確認に行ってくる」

「それは助かる。気をつけて」

今年もまた遺品が発見されたのだ。二〇〇一年にアイスフォールへ入った遺品は、計算によると五～六年後に、その下端へ達すると考えられていた。が、実際にはわずか二年で通過してしまった。遺品は、私たちの予測を上回るスピードで動いていた。

チャシは、翌日から二日にかけて現場を捜索し、約一五〇キロの遺品を回収した。

二年前の夏、クレバスに落としたピッケルも見つかったという。遺体だと思ったものは実は寝袋で、今回の捜索では遺体は見つからなかったとのことだった。

一〇月、僕は明永村へ入る。中国全土で春から続いたＳＡＲＳ（重傷性呼吸器症候群）騒動は一段落していた。

前年の遺族との旅行から一年がたつ。この年の七月には、梅里雪山を含む「三《サン》江《ジャン》併《ビン》流《リユウ》」地域が世界自然遺産に登録されていた。その影響か、香《シャン》格《グ》里《リ》拉《ラ》から明永村へいたる道路はすべて舗装された。おかげで、これまでの半分の時間で村へ到着する。

村にも多くの変化があった。冷蔵庫や炊飯ジャーなどのさまざまな家電製品が家のなかにはいり、畑では耕運機が轟音をあげていた。大麦畑の一部は、ブドウ畑に変わった。一世紀前にこのあたりへ進出したフランス人宣教師にならって、ワインをつくるらしい。世界遺産が追い風になって、村の生活は猛スピードで変わっていた。

そのなかで、ホッとする変化が一つあった。飲み水の水源が、氷河ではなく沢の清水に変わったのだ。遺品がいよいよ氷河末端に近づいてきたときだけに、嬉しい話だった。

一〇月一〇日、チャシと村の若者とともに捜索へでかける。遺品の発見現場は、太子廟の先の展望橋から一〇〇メートルほど上流の地点だった。展望橋の柵を乗りこえ、氷河側壁の急な岩場を下ってゆく。

現場の氷河は起伏が多く、見通しがきかない。起伏を一つ乗りこえるたびに、ちぎれた衣服や登攀具などがポツリポツリと見つかる。アイスフォールへ近づくにつれてクレバスが増え、傾斜が増してゆく。上を見あげると、大きな氷塊がいまにも崩れそうに積み重なっていた。

氷の段差の下で、全身のそろった遺体を発見した。服に名前はないが、ヤッケの下に軍服を着ている様子が、このあたりに住むチベット人のものと似ている。首にはチベット仏教のお守りをかけていた。未確認の斯那次里《スナツリ》隊員に違いない！　斯那次里隊員は瀾滄江《ランツアン》沿いの佛山《フオーシヤン》村出身のチベット人で、運動能力が高いため協力員から登山隊員に格上げになった男だ。享年二六歳だった。

ついに一六人目の発見である。これによって、残る隊員は医師の清水久信一人となる。捜索六年目のこの年、収容した遺体と遺品の総重量は約二五〇キロにのぼった。それは、捜索一年目と二年目に次ぐ多さだった。その後、チャシと僕は三度目のカワカブ巡礼へでかけていった。

遺品

翌年の四月、梨の花が咲く明永を訪問する。わずか数日の滞在予定だが、わざわざやってきたのには訳があった。前年の一二月、読売新聞に不可思議な記事が掲載されたのだ。

「日中登山隊　大量の遺品

地元登山家らの手によって発見された」

その記事がでる二週間前、僕は二五〇キロの遺品を火葬して帰国したばかりだった。「地元登山家」とは誰なのか？　その登山家は、インターネットの写真販売サイトに遺品や遺骨の写真を載せていた。

さらに年が明けた三月、謎めいたメールが届く。明永村を観光で訪ねた日本人が、村人から登山隊の遺品を「見せてもらった」というのだ。遺品には、日本語の手帳

や お金、カメラなどが含まれていたという。僕の知らない遺品だった。

この二つの話の出所を調べるため、明永村を訪ねたのだ。じつは四年前にも同様の出来事が起きている。上海の新聞記者が明永から遺品を持ちだしてしまい、苦労してとりもどすということがあった。今回も一抹の不安がよぎる。

チャシに会って二つの件について尋ねる。彼も詳しくは知らない様子だったが、こんなことを洩らした。

「村が豊かになるにつれて、一部の村人が村長の俺の言うことを聞かなくなってきた。ときどき遺品を物色して売る村人がいることは、村でも噂になっている。日本人に遺品を見せた男は、毎日のように氷河へ捜しに行っていて、他の村人も呆れているんだ」

その話を聞いて、徳欽《デーチン》県体育運動委員会の高虹《ガオホン》主任とともに、問題の男の家を訪ねた。男は腰に短刀をさして現れた。主任が遺品の在り処《か》について詰問すると、男はこう言った。

「俺たちが見つけたものだから、ただでは渡せない」

男は頑として遺品を見せなかった。主任が男とチベット語で話をする。二時間かかって、記名のある遺品だけはとりかえすことができた。憂うつな気分になるやりとりだった。

二日の滞在ののち村を離れる。その帰路、僕は考えていた。今回の事件は、一部の村人だけの問題だろうか。三年前に雨崩《ユイポン》でも、登山隊が山に放棄した装備を探しにゆく村人のことを聞いた。私たちは、それについては見て見ぬふりをしている。登山撤退のために放棄した装備と、事故のために山に残された遺品。私たちにとっては差があるが、山に暮らす人にとっては同じ物ではないだろうか。聖山に登ろうとした外国人が、勝手に山へ置き去った物である。明永の男を最後まで問い詰められなかったのは、心の底にそんな思いがあるからだった。

それから数カ月後、中国在住の京大学士山岳会の会員より、「『地元登山家』から遺品を引きとった」という連絡が入る。登山家はやはり明永の村人から遺品を受けとっていて、その遺品と引きかえに見かえりを求めてきたそうだ。その場で説得して、日本語の書かれている二冊の手帳をとりもどしたという。

＊

手帳は無記名だったが、内容から身元を判断してご家族へお返しした。

これまでに、九人分一四冊の手帳が発見されている。事故が起こったとされる一月三日の記録は、そのうちの七冊の手帳から見つかった。その日の様子を、笹倉俊一と近藤裕史の手帳は次のように語っている。（表記はすべて原文のまま。（　）は小林による注釈、〔　〕は省略した内容）

『笹倉の手帳』

1／3　雪　沈（停滞）

・朝は風がなく、晩も風なくしんしん降る。テントの天井が次第に暗くなり、気付いてはらうと、どさどさと雪が落ちる。
・朝2：00小便におきる。降っている。しんしん。
・朝6：00、降っている。沈決定。
・床に座して肩付近の線まで、ピンサロ（テント）は埋まっている。社長（工藤）がラッセルに出る。7：00頃。〝掘っても、一周してもどってくると、もううまっている〟、〝エスパース（テント）は雪に埋れまた覆れ、カマクラのよう〟
・8：00 Gore（広瀬）さんと伴ってラッセルにでる。てんとのまわり1m程ふみかためる。ドクターてんと、協力員てんとの入口を掘りおこす。又、中方の宗大脚（宗と季）てんとを掘り起こしたGore（広瀬）さんは、〃中方は入口付近で、小便しよる〃と驚く。
・積雪は朝の時点で50～60cm【70～80？】
・15：30現在1m～1・3m程うまる。エスパースとの間が、壁の様になる。
〔このあと1／5から1／8の行動予定が書かれている〕

『近藤の手帳』
1／3雪　C3（キャンプ3）stay
◇8：30おきる〔朝食メニュー〕
◇依然ユキ　ひまわりでは雲の大陸の東寄りの真只中、テントラッセル2hrs位で必要、全くwhite out
◇12時すぎ、2個のバッテリーアウトが発覚
　決死の発々（発電機）隊、広瀬とETO（笹倉）、13hのPKN（北京）FAXに間に合う

◇lunch 13：00〜13：30〔メニュー〕

◇依然ユキ、C3が徐々に埋没してゆく

◇15：30よりあみだでテント内引越〔新旧の席順〕

◇日中会議、16：00〜16：45〔翌日以後の行動予定〕

◇会議後5h20mより、ピンサロ（テント）メンバー7人総出で大テントラッセル

テントの回りほぼ1mの空間をテントの底のレベルまで足ぶみ、雪かき、その間もユキは容赦なく降り続いている。p.m.6h30mまで続ける。

◇Dinner 8：20〜50〔メニュー〕

◇延々10h30mまでテルモスのお湯作り、しんどい

10h30mからチーズ・サラミのフライパン炒め

◇

この二つの手帳を見ると、一月三日はテントを「埋没」させるほどの雪が降り続いたことがわかる。このような状態で雪崩に襲われたら、たとえ小さな雪崩でも、テントは簡単に雪に没するだろう。だがまさか、テントサイトまで雪崩が達すると

は、誰も考えていない。
「梅里雪山事故調査報告書」によると、ベースキャンプとC3の最後の交信は夜一〇時一五分に終了している。それ以後の登山隊の動きは、近藤の手帳が発見されるまでは何もわからなかった。近藤の記録は一〇時三〇分まで続き、さらに何かを書きたそうとする「◇」マークが書かれている。そして、そのページにシャープペンがはさまれ、手帳は閉じられていた。このとき、記録を中断させたものは何だったのか。笹倉の手帳にも、同じように一月三日のページにボールペンがはさまれている。

一月三日の記録が残る七冊の手帳は、そのすべてにおいて一月三日の記録が終わっていない。一方、これまでに遺体が発見された一六人のうち、体の一部または全部が寝袋に入っていた隊員は一〇人にのぼる。この二つの事実は、事故が起こった時刻を示唆しているのではないか。一月三日の一〇時半過ぎ、間もなくみなが眠りにつこうとするときに、その瞬間は来たのではないだろうか。

だが、決定的な証拠はいまだ何もない。彼らは、いったいどのようにして最期の瞬間を迎えたのか。私たちは永遠にそれを知ることはできないのか。

スカーフの謎

二〇〇四年の五月の夜、自宅の電話が鳴った。

「シャオリン、シーウォー（小林、俺だ）」

中国語だ。一瞬誰かわからなかったが、すぐに思いあたる。

「チャシか？」

「ああ！」

これまでこちらから電話することはあったが、チャシが国際電話をかけてくるのはこれが二回目だった。六年前には陸の孤島だった村から、こうして電話がくるようになったのだ。

彼は、この日行なった捜索について報告した。話しはじめると、まずこう言った。

「恐ろしかった」

一人で氷河を見にゆき、半身だけの遺体を発見したという。損傷した体を見て恐怖を感じたらしい。その遺体は、仏教のお守りを身につけていた。服装の感じから、中国人ではなさそうだと彼は言った。

〝最後の一人の清水ドクターだろうか〟

希望に似た予感が脳裡をかすめる。

一カ月後、明永村へ向かう。標高四二九二メートルの白馬《バイマ》雪山峠には、石楠花が咲きわたっていた。

六月二六日、チャシと二人で捜索に向かう。氷河は今年も縮小していた。一年目の一九九八年に比べると、末端は一五〇メートルほど後退している。地球温暖化の影響なのだ。その末端から氷河に上がり、クレバスや凹凸を越えながら三〇〇メートルほど登ると、発見現場へ到着した。ここまで村から二時間ほど。五時間かけて氷河沿いのヤク道を登っていた三年前に比べると、ずいぶん楽になった。氷河の流れとともに、遺品がそれだけ下へ降りてきたのだ。展望橋から観光客が手を振る姿が、小さく見える。

「まずは食事にしよう」

チャシがそう言うので、氷の上に座って昼食にする。周囲には広々とした氷河が広がり、両岸の森は新緑に覆われていた。遺体捜索をする場でなければ、素晴らしい風景である。

一時間後、捜索を開始。付近を歩きまわると、氷河上に露出したアイスハーケンや登山靴が一つ二つ見つかる。遺品は、一〇〇メートル四方の範囲に広く薄く散らばっていた。大きな遺体は見つからない。

岸へ上がって、チャシが五月に収容した遺体の確認にとりかかる。それは小さな姿になっていたが、しっかりと衣服をまとっていた。

〝これなら手がかりが残っているかも知れない〟

そう期待しながら着衣を一つずつ調べてゆく。が、記名はどこにもない。羽毛服のポケットから、鮮やかな黄色のスカーフがでてきた。緻密な花柄の描かれた美しいものだ。

〝おしゃれな人だったんだな〟

変わり果てた姿のなかに、生前の面影がよぎる。

ズボンのポケットに、日本製の煙草とライターが入っていた。清水ドクターは喫煙しないというから、彼の可能性は低くなる。チャシが見つけたお守りは、京都の寺のものだった。この時点で、該当する隊員は三人考えられた。が、現場でそれ以上絞りこむことはできなかった。

さらにもう一体、チャシは半身の遺体を見つけていた。だが、こちらは着衣がまったくないため、身元を推測することはできなかった。

帰国後、着衣のある遺体について調べを進めてゆくと、一人の隊員の可能性が有力になる。すでに五年前、部分的に確認されている隊員である。だが奇妙なことがあった。ポケットから見つかったスカーフである。その隊員は青いスカーフを所持しているはずだった。が、見つかったのは同じ柄の黄色いスカーフ。変色したにしては、あまりに美しい。

数日後、その隊員の実家へお邪魔し、当時の写真を見せてもらう。すると、遺体の服装が写真のものとよく似ていることがわかった。その家族のご子息である可能性が高くなる。だが、スカーフはどう説明すればいいのか?

家族のなかで、アパレル関係の仕事をする方がこう言った。

「ポケットの繊維を通過した紫外線によって、青色のスカーフが黄色に変色することは十分考えられます」

「そうでしたか……」

遭難した一七人は、夏のあいだ何度も氷から露出して、大量の紫外線を浴びたはずだ。それを一三年間繰り返してきた。鮮やかな黄色は、過ぎ去った時間の長さを物語っていたのだ。

家族の意向は、僕が来る前にすでに決まっていたようだ。

「この遺骨は、息子に間違いありません。我が家で納骨します」

父親が穏やかな声で言った。

「くぎり」について

二〇〇四年の一月、底冷えのする京都に僕はいた。数組の遺族に、捜索活動の状況をお話しするためである。そこには、故登山隊長の夫人と二人の娘も同席していた。遭難当時小学生だった長女はすでに働いていて、次女もこの春には社会人になるという。ようやく子育てを終えましたとほほ笑む井上夫人は、次のように言われた。

「最近、やっと自分にくぎりをつけてもいいと思うようになりました。今年、もう一度、梅里雪山に行きたいと思っています」
彼女は、登山隊の責任を担っていた隊長の妻である。遭難後には、ほかの遺族とは別の辛さがあったに違いない。最初に遺体が発見された年、自分の夫が他の隊員より早く見つかることを恐れて、「最後に出てきて」と願ったという。「くぎり」という表現は、遭難後も隊長の思いを感じ続けてきた夫人の重い言葉だった。

その年の一〇月、井上夫人と船原さんと僕の三人は、徳欽へ向かう車中にいた。井上さんはこの旅に参加するため、長年続けた仕事をやめたという。夫人にとって節目となる旅が始まった。

徳欽に着くころにはすっかり暗くなり、一〇日目の月がのぼってくる。やがて、夜空にカワカブが見えはじめた。月の光を受けて、雪山が白く輝いている。私たちは車を降りて山を見上げた。

「こんな梅里雪山を見るのは初めてです」

お二人が言った。

この地へ何度通っても、初日に山が見えることは珍しい。幸先のいいスタートだった。

その晩、別行程で来ていた山岳会の先輩や山岳部の部員たちと合流し、総勢八人のメンバーとなる。

二日目、明永村へ向かう途中で、飛来寺《フェイライ》の近くにたつ慰霊碑を訪ねる。多少雲が湧いているが、カワカブの山頂は今日も見えた。ちょうど一週間前に雨季が明けたらしい。

花を供え線香をあげてお参りする。碑の異変に気づいたのは、そのときだった。一七人の名を刻んだ銅版に、ひどい傷がつけられていたのだ。それは、日本人の名と日本語だけをかき消すような傷だった。誰が何の目的でやったのか。私たちはやるせない思いを感じた。聖山に登る行為がどれほど深い禍根を残すのか、この傷は考えさせた。

「悲しいですね。私たちにできることがあれば教えてください」

井上さんが静かに言った。

慰霊碑のある展望台の周辺は、民宿や売店の建設ラッシュだった。世界遺産になって、観光客が増えたためだろう。今回、現地ガイドとして同行しているルゾンも、近くで山荘を経営している。その山荘で朝食とコーヒーをいただいた。

ルゾンは三三歳、徳欽に住む。チベット人と漢人のあいだに生まれた彼は、チベット人以上にチベット文化に関心をもち、大男ながらも気立ては優しく、信頼のおける友人だった。近い将来、彼とともに東チベットを巡る旅をしたいと考えている。

昼過ぎ、明永村へ到着。村には四階建てのホテルができていた。驚くことに村人がオーナーらしい。

午後、ラバに乗って太子《タイツ》廟の山荘へ上がる。その晩、山岳部の先輩と捜索活動について話をした。先輩はこう言った。

「山岳会として、捜索活動のくぎりを考える時期がきていると思う」

しばらく考えたあと僕は答えた。

「未確認の隊員があと一人います。もしくぎりをつけるとしても、最後の一人が見つかるか、遺品が川に出るときが良いのではないでしょうか」

残された人々には、それぞれに託された役割があると思う。その役割は、登山に関係ないことを含め、人によって千差万別だろう。僕にとって、それは遺体の捜索だった。振りかえると、再登山の敗退やチャシとの出会いなどによって、一つの方向に導かれてきたような気がする。

自分の使命を果たすためにも、最後の一人を見つけだしたい。そして、遺体捜索という過去に向いた行為を、未来へつづく生産的な活動につなげてゆきたい。それが、真の意味で遭難を乗り超えるということではないだろうか。

その晩は、遅くまで話をした。

三日目の朝は快晴となる。みなで朝焼けに染まるカワカブを見つめた。井上さんの顔を、僕はそっとのぞいた。その表情は驚くほど厳しかった。夫のことを、そして隊長夫人としての遭難後のことを思い返していたのだろうか。

一七組の遺族には一七通りのくぎりのつけ方があるだろう。それは、遺体の発見や葬式、または再婚などの様々な家庭の事情によってもたらされるのかも知れない。いまだに遺体が確認されていない隊員とその遺族がいる。そして、手違いで遺骨をお返しできなかった遺族がいる。その人たちは、何をくぎりとしてきたのだろうか。

僕は思う。この遭難に、本当のくぎりなどないのかも知れない。さまざまな節目があるだけで、私たちはそれを一つ一つ超えてゆくだけだ。最愛の人を失った現実を永遠に背負いながら、前へ進んでゆくしかないのではないか。

朝焼けを見たあと、みなで展望橋へ向かう。氷河を見下ろす林のなかで、バラの花びらをまいて焼香する。カワカブが一日中見えていた。

晩は、チャシ村長や村の幹部を招いて感謝の会を開く。それまでほとんどお酒を飲まなかった井上夫人も、このときは村人と乾杯した。

四日目、氷河の捜索へおもむく。チャシと僕に加えて、山岳部の二人も同行した。氷河を歩くのは初めてという二人は、氷の上をぎこちなく歩いていた。

この一週間前、チャシがすでに捜索をしていたので露出物は少ない。氷上には布の破片がいくつか落ちているだけだった。捜索七年目となるこの年は、最後の一人を確認できずに終わった。

この旅に、山岳部の現役二人が同行したことは有意義だった。彼らは、先輩たちが目標とした梅里雪山を目にし、東チベットの大峡谷と高峰の景観に触れて、何を思っただろうか。今回の経験が彼らのなかで実を結び、新たな活動につながるといい。

午後には明永を離れて飛来寺までもどり、カワカブを正面に望む民宿に一泊した。

五日目の朝も晴れあがり、桃色に輝く山容を再び見つめた。遭難から長い年月がたって、山がようやく私たちにほほ笑んでいるようだった。

明永村に滞在を始めてから、僕は「聖山に出会う旅」を続けてきた。目の前の一七人の骨を拾いながら、聖山とはなにかを知るためのかけらを集めてきた。そのかけらとは、朝焼けや月夜のカワカブの姿であり、四つの聖地から見上げた四様の山容であり、山麓の人々との友情や子どもたちの笑顔である。

そんな「聖山のかけら」を集めるうちに、カワカブによって傷つけられたものが、カワカブによって癒されていったように思う。そのかけらをつなぎ合わせることで、一つの答えが見えてきた。

聖山とは、生命《いのち》の源である。

カワカブという巨大な雪山の麓に暮らす人々は、山のもたらす水と森の恵みによって生かされている。生と死をつかさどるこの神の山は、人々の心の支えとなっている。

カワカブの風景は教えている。人間の生きる背後に、大いなる自然が存在することを。その風景は、見る者自身の暮らしのなかでカワカブに相当するものはなにか、私たちにとっての「生命の源」とはなにかを問いかけてくる。

　この山に通いはじめたころ、山麓での暮らしと日本での生活は遠いものだった。だが、そこに住む人々と親しくなり、聖山とはなにかを感じてゆくと、カワカブと日本がつながりはじめた。

　聖山に出会う旅は、終わりに近づいている。最後の一人が見つかったとき、カワカブと僕の関係は新たな段階へ移るだろう。そのときは、きっとそう遠くない。そこから再び新たな物語を始めてゆきたい。僕の関心は、チベットのより深部へと向かっている。

＊

　帰国後、晩秋の声が聞こえるころに、井上夫人から手紙が届いた。

「思い残すことのない、気持ちが安らぐ旅になりました」

　そう書かれていた。

　その年の暮れ、一本のフィルムが現像される。秋の捜索のとき、氷河から回収された錆びついたフィルムだ。現像は無理だろうと思っていたが、そこには像が残っていた。

写っていたのは――、遭難地点の雪原で笑顔を見せながら荷揚げする隊員、最期のキャンプサイトC3の全景、ルート工作へ出発する朝の緊迫した様子……。それは、私たちが初めて目にするC3の風景と、なつかしい友の顔だった。ときをこえて、彼らと再会できたような気がした。

間もなく真冬を迎える。

すべてを思い出す一月三日が、再び巡ってくる。

参考文献

『深い浸食の国』中村保（山と溪谷社 二〇〇〇年一一月）
『ヒマラヤ植物大図鑑』吉田外司夫（山と溪谷社 二〇〇五年五月）
『青いケシの国』F・キングドン・ウォード　倉知敬訳（白水社 一九八二年一月）
『失われた地平線』ジェームズ・ヒルトン　増野正衛訳（新潮文庫 一九五九年一二月）
『チベット』（上・下）山口瑞鳳（東京大学出版会 一九八七年六月・一九八八年三月）
『旅行人ノート チベット 第三版』旅行人編集部（長田幸康）（旅行人 二〇〇二年七月）
『ニュートン 二〇〇五年二月号』「世界遺産「三江併流」にそびえる聖山 氷河と森が育む梅里雪山」小林尚礼（ニュートン プレス）
『岳人 二〇〇四年六月号』「最新レポート 梅里雪山 遺体の収容活動はどこまで進んだか」小林尚礼（東京新聞出版局）
『ナショナル ジオグラフィック 二〇〇二年一一月号』「中国の氷河 山岳氷河で世界一の速さ」（日経ナショナル ジオグラフィック社）
『絨贊 卡瓦格博』雲南格桑花卉有限公司編（雲南美術出版社 一九九七年八月）
『雪山聖地 卡瓦格博』仁欽多吉・祁継先編（雲南民族出版社 一九九九年三月）
『徳欽県志』徳欽県志編纂委員会編（雲南民族出版社 一九九七年七月）
（梅里雪山登山関係）
『梅里雪山事故調査報告書』梅里雪山事故調査委員会（社団法人 京都大学学士山岳会 一九九二年一月）
『日中合同梅里雪山学術登山隊 報告書』日中合同梅里雪山学術登山隊（社団法人 京都大学学士山

岳会 一九九二年一〇月）
『ＡＡＣＫ時報 一二号』「梅里雪山隊と医学隊（酒井敏明）」（社団法人 京都大学学士山岳会 一九九四年九月）
『ＡＡＣＫ時報 一三号』「日中友好梅里雪山峰合同学術登山隊１９９６記録」（社団法人 京都大学学士山岳会 一九九八年一一月）
『梅里雪山』梅里雪山追悼文集編集委員会（社団法人 京都大学学士山岳会 一九九二年一一月）
『追悼 井上治郎』（井上治郎遺稿・追悼文集刊行委員会 一九九三年二月）
『工藤俊二 彼があるいたこと』（工藤俊二追悼集編集部 一九九三年五月）
『追悼 廣瀬顕』（廣瀬顕追悼集刊行委員会 一九九五年七月）
『佐々木哲男氏 追悼遺稿集』（佐々木哲男氏追悼遺稿集制作の会 一九九五年八月）
『壁に挑み続けた男 追悼 宗森行生記者』（宗森行生記者記念会・追悼文集編集委員会 一九九一年三月）
『宗森行生君帰る』（共同通信社横浜支局有志 一九九九年一一月）
『追憶 笹倉俊一君・児玉裕介君 遺稿・追悼集』（京大山岳部ＯＢ有志 二〇〇〇年六月）
（地図）
「卡格博 KAWAGARBO」五万分の一地形図 中国科学院蘭州氷川凍土研究所（西安地図出版社 二〇〇一年八月）
「雲南省徳欽県地図」二十万分の一地形図
「旧ソ連製地図」十万分の一、二十万分の一、五十万分の一、百万分の一地形図

あとがき

振り返ると、この六年間、梅里雪山《メイリーシュエシャン》のことばかり考えてきた気がします。カワカブ巡礼の峠で撮影の決心をしてから後、他の仕事をする余裕はなく、梅里雪山を中心に生活がまわってきました。本書は、この間の自分の集大成と言えるものです。

初めは、遺体捜索と並行しながら写真撮影を行ない、二年間のうち一二カ月を山麓で過ごしました。ひと通りの季節を撮り終えると、次は日本で写真と文章をまとめる作業に入ります。一年程度でまとめる予定でしたが、二年たっても三年たっても形にならず、今にいたってしまいました。狭い部屋の机を前にして、「なぜそこまで梅里雪山にこだわるのか」と、ため息をつきながら自問する夜を過ごしたこともあります。文章を書いて写真を選ぶという作業は、その自問に対する答えを見つける過程でもあったように思います。

本書を書き終えることで梅里雪山に関わる目標の一つは達成されることになりま

すが、もう一つの目標である「一七人の収容」は叶っていません。本文の内容が終わる二〇〇四年の後も、遺体の捜索活動は続いています。二〇〇五年には六回の捜索を行ないましたが、最後の一人は見つかりませんでした。回収した遺品の量もこれまでより少なく、今後どうなるのか不安を感じさせる年でした。遺体と遺品の出現が終了するまで、京都大学学士山岳会とともに僕は捜索活動を続けるつもりです。そして最後の一人が見つかったときには、日中協力の記念碑を明永《ミンヨン》村に造ることを、チャシ村長と検討しています。地元の人に喜ばれるものにするため、碑の外観はチベット風にして日本語を記述しない予定です。

二〇〇五年には、今後につながる出来事もありました。明永村で知りあった民族学者が梅里雪山の映像を日本で上映したり、知人が立ち上げた「雲南懇話会」が雨《ユイ》崩《ポン》村でフィールドワークを行なったりということがあったのです。第五章で述べたルゾンとの新しい旅や山岳部の新たな活動も含めて、梅里雪山を介して出会ったものが未来へ向かって芽を出しています。

そして、今後も生涯のテーマとして梅里雪山を見届ける思いに変わりはありませんが、それとともにより広い範囲のチベットを歩きながら、「人間の背後にある自然」を見つめてゆきたいと思っています。今の自分の暮らしの中でカワカブに相当するものは何かと問われたら、それは「地球」ではないかと思います。チベットや中国という自分の軸を定めながらも、地球を思う視野の広さを持つことができたらいいと考えています。

この本は、『岳人』（二〇〇四年七月号〜二〇〇五年八月号、東京新聞出版局）に連載した原稿を元にして、大幅な加筆・修正を施し、再構成したものです。写真も新たに選びなおしました。

本書が出版されるまでには、多くの方のお世話になりました。岳人編集部の皆さま、内容に力強さを与えてくださった山と溪谷社の滝沢守生さん、梅里雪山にご案内したことが縁で素敵な言葉を寄せてくれた宮﨑あおいさん、原稿を読んでさまざまなアドバイスをくださった方々、厚く感謝いたします。また、「一七人」の遺族と学士山岳会の諸先輩にはいつも見守っていただき、要所要所でご協力をいただきました。お礼申し上げます。そして何より、カワカブの麓で温かく迎えてくれたチャシ村長を始めとするチベット人たちに、心から感謝を捧げます。ジャナパシ

（ありがとう）！　これからもよろしくお願いします。

最後に、危険な氷河上でいつも僕を護ってくれた一七人の友に、この本の完成を報告いたします。

小林尚礼

二〇〇六年一月三日

文庫のあとがき

　五年前の単行本上梓ののち、梅里雪山についてさまざまなことがありました。二〇〇六年の秋には、明永村に遺体捜索活動の記念碑が建立されました。最後の一人が見つかったら造ろうとチャシ村長と話していたものですが、いつかなうかわからないその時を待たずとも、長年の日中協力の証を形にすることに意義があると話し合って、建立することにしました。中国語のみを記してチベット仏教の活仏に読経していただいた碑は、今も村人によって大切に守られています。

　〇七年一月には遭難十七回忌の法要が比叡山で営まれ、その秋には遺族の方々が雨崩村のベースキャンプ地を初めて訪ねました。井上隊長の夫人は、梅里雪山の山頂が見えないキャンプ地を実際に訪ねて、夫がベースを離れてキャンプ3へ上がった理由が納得できたといいます。ベースキャンプ訪問の様子は、ドキュメンタリー番組『梅里雪山　17人の友を探して』（〇八年、日本テレビ）で放映されました。

その前後の年、遺族の方々と毎年、梅里雪山を訪ねました。〇六年記念碑建立のときには、親友だった笹倉隊員のお母さんが、事故直後の訪問から十五年ぶりに再訪しました。また〇八年には、佐々木秘書長の夫人が初めて現地の土を踏みました。思いや事情はそれぞれですが、年月を経ることで初めて融けるものがあることを知りました。

〇七年暮れには、最後に残る清水隊員の確認を目ざしてDNA鑑定を始めました。しかし、長い時間氷結と融解を繰り返してきた細胞は予想以上に鑑定が困難で、一年半の時間をかけて出た結果は、清水隊員の遺骨ではないというものでした。

〇九年には、遺体捜索へ協力を続けてくれたチャシ氏が村長を引退しました。二十年以上村長の職にあった人です。村長ではなくなったものの捜索活動へは引き続き協力してくれて、二〇一〇年も彼を中心に活動は続いています。

回収される遺品は〇五年以後極端に少なくなり、すでに氷河末端から川へ遺品が流出していると推測されます。このまま最後の一人は見つからないのかと失望していましたが、〇九年秋に新たな希望が生まれました。近年に遺品が見つかっている位置よりもはるか上部で、遺品らしきものが見つかったのです。それが登山隊のものならば、遺品は分散して埋まっていることになり、氷河上部で新たな遺品や遺体が見つかる可能性がでてきます。二〇一〇年は、氷河上部での遺品の確認を目ざしてパトロールを続けています。

この間、捜索拠点の明永村にも多くの変化がありました。氷河観光地としての地位が確立して多くの観光客が訪れるようになり、現金収入が飛躍的に増えました。村人はゾッを売って耕運機を購入したり、大麦の栽培をやめて換金作物のぶどうを植えたり、胡桃の油をしぼるのをやめて菓子業者に売ったりと、村人の生活は自給自足から貨幣経済へと移行してゆきました。お金が貯まると、多くの家庭が土壁づくりの家を鉄筋コンクリートの家に造りかえてカラフルな屋根をかけるようになり、山の上から見下ろす村の風景は様変わりしました。乗用車を購入する人もでてきました。そして、この間にも多くの人が亡くなりました。交通事故で命を落とす人が増えたのは悲しいことでした。

自然環境の変化も起こりました。気温の上昇に伴って、明永氷河が六〇〇メートル以上後退しました。以前はしとしと降るだけだった雨が、時に強く降るようになり、鉄砲水が出て村に被害をもたらすようになりました。初めて訪れたときには道路もなかった村が、中国の発展に歩調をあわせるようにして、大きく変化しました。何百年も変わらなかったものが、わずか一〇年で変わる。まさに明永村の変革の時期に、僕は居あわせたのです。ただし、変わらないものが一つありました。それはカワカブへの信仰です。今も村人はカワカブへ決して登ってはいけないと言います。それは揺るぎないものです。

カワカブに関係するもう一つの大きな変化は、チャシ村長の娘ペマツォモが、〇八年に来日したことです。明永村へ恩返ししたいという山岳会OBが支援して、奇跡のようなことがかなったのです。東京の日本語学校へ入り大都会で暮らし始めたチベット人の女の子は、いくつもの試練を受けましたが、持ち前の明るさで乗りこえ、この春に京都の大学に見事合格しました。近い将来、彼女の協力を得て、カワカブの神話の翻訳や古老への聞きとり調査ができるようになればいいと、楽しみにしています。

僕自身の生活にもいくつか変化がありました。それまで小さなアパートでのひとり暮らしでしたが、本の出版と同時に入籍しました。その後、梅里雪山の写真展を続けながら引っ越しや結婚式を経て新しい生活へ移り、九月には長男が誕生しました。家族を持ち子どもを持つことで、カワカブから学んだ「生命」というものに一歩近づけたように思います。

この間、写真の仕事においては、中国からチベットへ茶を運んだ茶馬古道という道に出あい、二年かけて追いかけました。明永村で飲んだバター茶がきっかけで興味を持った道で、その旅のほとんどに遺体捜索で知りあったルゾンと一緒に出かけました。また、〇九年からはインドのチベット文化圏へ通っています。聖地巡礼と幸福感をテーマに、中国領のチベットよりもチベットらしさが残るラダークやアルナーチャルの聖地を訪ねています。カワカブから感じた「人間の背後にある自然」を見つめる旅でもあります。

このような新たな対象に取り組む一方で、最近、再びカワカブのことが気になっています。それは、自然の奥深さにしても聖地としての大きさにしても、カワカブを超えるものにいまだ出あうことがないからです。外の世界を歩きみて、自分にはカワカブでやり残したことがあるのではないかと考え始めています。

二〇一〇年九月二十一日（新たな生命の誕生日に）

小林尚礼

解説　聖山「カワカブ」

斎藤清明

梅里雪山と小林さん

　梅里雪山をメイリー・シュエシャン、略して「メイリー」と、わたしたち京都大学学士山岳会（AACK）の仲間うちでよんでいたのだが、その名の響きのようにじつに秀麗な山である。わたしもこれまで世界各地でいろんな山に接してきたが、メイリーの山容の美しさは、たとえようがない。

　この山を登山の対象に、京都で仲間たちが考えだしたのは、一九八〇年ごろだったと記憶している。当時は聖山という認識はあまりなかったようだが、初めて写真で見た姿には、神々しいものがあった。

　すでにプラントハンター（植物探検家）が記述しているのも、そのころに知った。二十世紀の初め、清朝末期の辛亥革命が起こった一九一一年にこの地を訪れた英国のキングドン・ウォード（一八八五〜一九五八）の紀行が、『青いケシの国』として翻訳出版され（倉知敬訳、一九七五年、白水社）、「この素晴らしい山がカ・グル・プという名前をもっていることをチベット人から聞いた」とあった。

本書の著者、小林尚礼さんが梅里雪山と関わるのは、一九九一年一月の日中合同隊遭難がきっかけ。救援打ち切りを連絡するために、隊員である京大山岳部同期生の実家に駆けつけた。「二一年の短い人生でした」。父親の言葉に、心が震えたという。

小林さんは一九九六年に再挑戦の隊員となり、頂上近くまで迫る。九八年からは遭難した仲間の遺体や遺品の収容にあたる。そして、梅里雪山は地元では「カワカブ」とよばれ、信仰されている、聖なる山であることを知る。しだいにその認識が深まっていく。

本書は『梅里雪山』と題されているが、聖山「カワカブ」が主題である。小林さんは捜索のために何度もこの山を訪れ、山麓の村で暮らし、さらに山域を巡っているうちに、登山の対象としての「梅里雪山」から、聖山としての「カワカブ」へと、思いが変わっていくのである。そのなかで、自然と人間のあり方についての考えが素直にあらわされ、すばらしい写真とともに綴られる。

梅里雪山と登山史

「梅里雪山」は、中国南西部のチベット自治区・雲南省・四川省にまたがる「横断山脈」にあって、雲南省の瀾滄江（メコン川の上流）とチベット自治区の怒江（サルウィン川の上流）を隔てる分水嶺の南北約三〇キロの山群の総称である。また、その最高峰（六七四〇メートル）も指している。

山群には六〇〇〇メートル以上の頂が六つ、年中雪におおわれる頂が二十以上あるが、登山者の未踏の地である。そして、この最高峰は地元の人々のチベット名で「カワカブ」（「白い雪」を意味している）という。

ミャンマーとの国境も近い。ネパールを中心とする狭い範囲のヒマラヤからは東に外れているが、パミール高原からヒマラヤ山脈、チベット高原へと遥かに連なる大ヒマーラヤを考えると、その東端を飾るにふさわしい山域である。

雲南省の奥地を訪れた欧米の探検家やキリスト教関係者によって、その存在が知られ、架空の桃源郷シャングリラにも描かれたが、外部からの登山の対象とされるのは近年になってのこと。

一九八七、八八年に日本の上越山岳会隊と米国山岳会隊がそれぞれ別個に、三度にわたって挑んだが、悪天候で撤退を余儀なくされ、到達高度も四五〇〇メートルどまりだった。気象条件が悪いうえに、大峡谷地帯にあって、まさに谷底から天空をめざす登攀となる。

ＡＡＣＫと遭難

小林さんも所属するＡＡＣＫ（京大学士山岳会）は、今西錦司や西堀栄三郎（とものちに日本山岳会長をつとめる）、高橋健治ら京都帝国大学旅行部の主力メンバーが卒業後の一九三一年に、ヒマラヤ登山を目指して結成された。現在は京大山岳部ＯＢを中心に約二五〇名の会員を擁する社団法人である。日本人による三番目のヒマラヤ初登頂であるチョゴリザ（七六五四メートル、桑原武夫隊長、一九五八年）や、日本人初登頂の最高峰であるヤルン・カン（八五〇五メートル、西堀栄三郎隊長、一九七三年）登頂など、日本からの海外登山のパイオニアだった。

中国のチベット高原では、一九八二年にカンペンチン（七二八一メートル）、八五年に同志社山岳会と中国登山協会の合同でナムナニ（七六九四メートル）、八八年に崑崙の無名峰（六九〇三メートル）にそれぞれ初登頂。また、九〇年には医学学術登山隊をシシャパンマ（八〇一二メートル）に派遣した。

その実績のうえに梅里雪山を目指すＡＡＣＫと中国登山協会、雲南省体育運動委員会の三者による合同登山隊が成立。まず八八年秋に登路を偵察し、翌八九年秋に挑んだが悪天や氷壁に阻まれた。九〇年春に再び偵察隊を派遣して新たな登山ルートを見つけ、同年十一月からの第二次登山隊となった。

約三十名の合同登山隊は、標高三五〇〇メートル地点にベースキャンプを設営。天候にも恵まれ、順調に登っていった。年末の二十八日には、五九〇〇メートルの第四キャンプから日本側三名、中国側二名のアタック隊が出た。しかし、頂上手前の六四七〇メートル付近で天候が急変し、視界がきかなくなったため撤退。あと数時間、晴れていればと悔やまれた。五一〇〇メートルの第三キャンプに日本側全隊員の十一名と中国側は六名が集まり、再度アタックのチャンスを待った。

ところが、一月三日夜のベースキャンプとの定期交信の無線を最後に、第三キャンプは連絡を絶った。救援隊が赴いたが、悪天のために第三キャンプまで達せず、連絡途絶から三週間後の一月二十五日、救援活動が打ち切られた。三日夜から四日朝の間に、雪崩によってキャンプ全体が埋没したと推察された。

日本と中国の計十七人の登山隊員の死亡は、一九三七年のナンガ・パルバットでのドイツ隊（隊員七名とシェルパ九名の計十六人が雪崩で死亡）や、一九九〇年七月のレーニン峰の国際キャンプ（各国隊のテント群が雪崩に襲われ四十三人が死亡）にも並ぶ、世界の登山史上の遭難となった。

「梅里雪山」から「カワカブ」へ

再挑戦の日中合同隊（一九九六年）で、小林さんは先頭に立って標高六二五〇メートルまで達している。頂上も間近に見え、あと四九〇メートル。遭難した隊も頂上に迫っていたから、梅里雪山は「登れる」山におもえたであろう。しかし、その後の小林さんにとって、「登ってはいけない」山となる。

その経緯が本書のテーマともいえる。予想もしなかった遺体・遺品が九八年に氷河に出現、小林さんはその回収に終始一貫して携わり、チベット人の村人と深く付き合っていく。聖山の巡礼も行ない、「登ってはいけない」ことがわかってくるのである。

登山家にとって、登らないことは失格になるかもしれない。小林さんは会社勤めから転進し、写真家となった。本書を飾る多くの写真に、プロとしての成長ぶりを見ることができる。「聖山とは、生命の源である」という本書の結びが示すように、自然と人間についての観察と思索が、たしかなものになっているのである。

小林さんと遭難隊の学生隊員が山岳部の同期であったように、わたしは隊長と同期だった。九〇年秋、京都での壮行会で「まあ今度は登れるやろ、正月ごろかな」と、彼はいつもの口調でさりげなく言った。それから九年後のお盆に、彼は小さな大理石の壺に入り、遺骨となって帰ってきた。小学生だった娘さんは大学生になって父親を迎えた。気象観測データを記した野帳は、登山シャツの胸に残っていた。雪氷と気象の専門家の彼でさえ考えられない、どうしようもない自然の大きさをおもった。

遭難から十五年後、小林さんの『梅里雪山』が出たころ、わたしも山麓を訪れた。聖山のたたずまいは想像していた以上のものだった。ところが、はるか雲の彼方におもわれた地がシャングリラ（香格里拉）と名を改め、観光地になりつつあった。

シャングリラは、英国の作家J・ヒルトン（一九〇〇〜五四）の小説『失われた地平線』（一九三三年発表）に、氷河をいだく雪山の美しい渓谷に壮麗な僧院があり、不老長寿の里として登場する。架空の地名なのだが、その地であると、雲南省北部の迪慶チベット族自治州の中甸県が一九九七年に名乗りをあげた。雪山や渓谷、僧院などが小説にそっくりで、ヒルトンが執筆の参考にした同時代の欧米人探検家が実際に訪れて記述した地域であるとして。

九九年開港の中甸空港は香格里拉空港となり、二〇〇二年には中甸県から香格里拉県への改称が国務院で承認された。〇三年には、長江、メコン河、サルウィン河というアジアを代表する三つの大河が並び流れる一帯が「三江併流」として世界自然遺産に登録。辺境地域の観光振興が国家レベルで推進され、その最奥の地にある梅里雪山の氷河の側まで遊歩道が設けられ、山麓の明永村にホテルもできたことは、本書にも記されている。

初版刊行後のことも記しておきたい。二〇〇六年、小林さんの写真展「梅里雪山の世界」が全国五カ所（京都、東京、福島等）で開催され、〇八年にはドキュメンタリー番組『梅里雪山　17人の友を探して』が日本テレビで放映された。

山麓の明永村では、捜索活動を支えてきたチャシ氏が〇九年に村長を引退したが、娘さんが日本に留学。語学を学んだのち、一〇年春に同志社大学社会学部に合格。在学中である。

さらに小林さんは、「聖地巡礼と幸福感」をテーマにして研究プロジェクトに参加するなど、「生命の源」への旅を続けている。

（元毎日新聞専門編集委員）

■登山と遭難に関する年表

年	月日	内容
１９８８年	5月	日中合同梅里雪山学術登山の計画が、ＡＡＣＫ主催で始まる
	10月～11月	先遣隊の派遣、斯農（シェンチェンバオ）氷河の偵察
１９８９年	5月～7月	科学隊の派遣、怒江流域（貢山・福貢）と徳欽・大理へ
	9月～11月	第一次の登山（日中合同梅里雪山第一次学術登山隊）、最高到達点５４００ｍ
１９９０年	2月～4月	偵察隊の派遣、雨崩氷河の偵察
	11月～1月	第二次の登山（日中合同梅里雪山第二次学術登山隊）、最高到達点６４７０ｍ
１９９１年	1／3	17人の遭難
	1／6～1／25	救援活動（ラサ・北京・京都より救援隊を派遣）、悪天のためＣ３に達することができず
	1／25	救援活動の打ち切り
	2／7	合同追悼式（中国登山協会主催）を北京で開催
	3／17	合同追悼式（ＡＡＣＫ主催）を京都で開催
	4月～6月	捜索調査隊の派遣、悪天のためＣ１に達することができず

	4/24〜5/9	家族訪問団（第1回）が徳欽へ、日本側遺族18人、中国側遺族8人が参加
	5/1	徳欽県飛来寺で慰霊碑（大地あり……）の除幕式を開催、日中の遺族が参加
	6/5	北京市懐柔県で記念碑「山魂」の除幕式を開催
1992年	1/1〜1/8	日本側遺族8人が訪中、北京・昆明へ
	1/4	一周忌追悼式（雲南省体育運動委員会主催）を昆明で開催、日中の遺族が参加
1993年	1月	『梅里雪山事故調査報告書』（AACK）を刊行
	4/25	京都の比叡山で慰霊碑「鎮嶺」の除幕式を開催、日本側遺族が参加
	9/12	梅里雪山第三次隊へ向けて隊員会議を開始
1994年	3/28〜4/3	中国側遺族6人が来日、東京・京都・大阪へ
	4/22〜5/6	家族訪問団（第2回）が徳欽へ、日本側遺族14人が参加
1996年	10月〜12月	第三次の登山（日中友好梅里雪山峰合同学術登山隊1996）、最高到達点6250m
1999年	8/7	北京で記念碑「梅里英魂」の除幕式を開催、日本側5人と中国側の遺族が参加

■遺体捜索に関する年表

年	月日	内容、確認された遺体
1998年	7/18	明永村民が放牧中に、明永氷河の標高3700mで遺体を発見
	7/28	日本側収容隊（牛田、中川、伊藤、小林）が出発
	8/2〜8/5	遺体捜索1（牛田、中川、伊藤、小林、中国側7人）、5人確認（米谷佳晃、近藤裕史、児玉裕介、宗志義、孫維琦）
	8/5	遺体の搬送（牛田、中川、伊藤、小林、中国側7人、村民多数）
	8/7	大理で火葬、日中の遺族が参加しての葬儀
	9/1	第2次の収容隊（牛田、山田）が出発
	9/7〜9/9	遺体捜索2（牛田、山田、中国側3人）、（米谷を再確認）
	9/9	遺体の搬送（牛田、山田、中国側3人、村民多数）
	10月	明永村へいたる車道が開通
		1998年に回収した遺品の全重量370kg
1999年	4/6	明永村民が茸採り中に、明永氷河の標高3700mで遺体を発見
	6/27	日本側収容隊（人見、小林）が出発
	7/3〜7/5	遺体捜索1（人見、小林、中国側3人）、2人確認（佐々木哲男、工藤俊二）、（孫を再確認）

7/5 遺体の搬送（人見、小林、中国側3人、村民20人）
7月〜10月 明永村に小林が滞在、カワカブ巡礼1へ
7/20 遺体捜索2（チャシ、小林）
7/27 遺体捜索3（小林）、測量
8/5 遺体捜索4（チャシ、ニマ、小林）、3人確認（宗森行生、王建華、林文生）
8/9 遺体捜索5（高虹、チャシ、小林、村民15人）、搬送、1人確認（井上治郎）
8/26 遺体捜索6（チャシ、馬経武、小林）
9/14 遺体捜索7（チャシ、馬経武、小林）
9/23 遺体捜索8（チャシ、アツー、小馬、小林）
9/24 遺体捜索9（副村長、小馬、小林、村民10人）、搬送、（宗森を再確認）
10/26 遺体捜索10（チャシ、馬経武、小林）、1人確認（李之雲）
10/29 遺体の搬送（副村長、村民7人）
1999年に回収した遺品の全重量260kg

2000年
2月 明永村に小林が滞在
6月 明永村に小林が滞在
6/24 遺体捜索1（チャシ、小林）

7月	明永村民によるパトロール開始
7月末	遺体捜索2（チャシ、村民）
8／26	遺体捜索3（チャシ、村民）、明永氷河の標高3600mで2遺体を発見
9／10	日本側収容隊（牛田）が出発
9／12	遺体捜索4（チャシ、牛田、村民5人）、1人確認（広瀬顕）
9／13	遺体の搬送（副村長、牛田、村民11人）、1人確認（笹倉俊一）
9月	上海の新聞記者が、明永村から遺品を持ちさる。日本側遺族が上海へ
10／8～10／14	日本側遺族5人が明永村を訪問
10月～12月	明永村に小林が滞在、カワカブ巡礼2へ
10／19	遺体捜索5（チャシ、馬経武、小林）
	2000年に回収した遺品の全重量120kg
2001年	
3月～5月	明永村に小林が滞在
5／13	遺体捜索1（チャシ、ルゾン、小林）、（宗森を再確認）
6／18	遺体捜索2（チャシ、村民2人）、明永氷河の標高3600mで1遺体を発見
7／24	遺体捜索3（チャシ、村民2人）
8月～9月	明永村に小林が滞在

	8/15	遺体捜索4（チャシ、馬経武、小林）、身元不明の遺体（半身）を確認
	9/24	遺体捜索5（チャシ、小林）
	9/25	遺体の搬送（村民5人）
	9月	遺体・遺品がすべてアイスフォールに入る
		2001年に回収した遺品の全重量70kg
2002年	5月	「中甸（チョンディエン）」が「香格里拉（シャングリラ）」に改名
	6/24	遺体捜索1（チャシ）
	8/1	明永村民が放牧中に、アイスフォールの途中の標高3400mで遺体を発見
	8/5	遺体捜索2（チャシ、村民3人）、1遺体を収容
	8/19	電子メールで遺体発見の報告が届く
	10/11	遺体捜索3（チャシ、村民2人）
	10/28～11/5	日本側遺族6人が明永村を訪問
	11/1	遺体捜索4（チャシ、小林、村民4人）、搬送、1人確認（船原尚武）
	11/3	家族とともに大理で火葬
		2002年に回収した遺品の全重量30kg
2003年	7月	梅里雪山を含む「三江併流」が世界自然遺産に登録
	9/10	明永村民が放牧中に、アイスフォールの下部の標高3100mで遺体

	を発見
9/12	遺体捜索1（チャシ、村民2人）
9/13	遺体捜索2（チャシ、村民2人）
10月〜11月	明永村に小林が滞在、カワカブ巡礼3へ
10/10	遺体捜索3（チャシ、アンル、小林）、1人確認（斯那次里）
11/18	遺体捜索4（チャシ、馬経武、小林）
11/19	遺体の搬送（村民16人）
12月	昆明の登山家が、インターネットに登山隊遺品の写真を掲載
	2003年に回収した遺品の全重量250kg

2004年

3/5	明永村で遺品を見たとの連絡が、観光客からAACKに届く
4/3〜4/5	明永村で小林が遺品問題の調査
5/23	遺体捜索1（チャシ）、アイスフォールの下部で2遺体を発見、電話連絡
6/25〜6/28	明永村を小林が訪問
6/26	遺体捜索2（チャシ、小林）、2遺体を視認、うち1体（半身）は身元不明、（工藤を再確認）
6/27	遺体の搬送（小林、村民2人）
夏ごろ	飛来寺の慰霊碑が傷つけられる

10/18 遺体捜索3（チャシ）

10/22～10/29 日本側遺族2人が明永村を訪問、京大山岳部部員とOBも同行

10/26 遺体捜索4（チャシ、小林、山岳部員2人）

10/28 遺族とともに大理で火葬

2004年に回収した遺品の全重量40kg

2005年

4/28～4/30 明永村を小林が訪問（撮影ロケ）

5/12 遺体捜索1（チャシ）

6/19 遺体捜索2（チャシ）

7/26 遺体捜索3（チャシ）

8/24 遺体捜索4（チャシ）

9/26 遺体捜索5（チャシ）

10/25～10/27 明永村を小林が訪問（雲南懇話会フィールドワーク）

10/26 遺体捜索6（チャシ、小林、AACK会員2人）

2005年に回収した遺品の全重量10kg

2006年

1/25 単行本『梅里雪山　十七人の友を探して』出版

5/9～5/11 明永村を小林が訪問

5/9 遺体捜索1（チャシ）

5/27～5/29 明永村を小林が訪問

5／29　遺体捜索2（チャシ、小林、AACK会員2人）
8月中旬　遺体捜索3（チャシ）
10／8　遺体捜索4（チャシ）
10／27～10／29　日本側遺族6人、AACK会員3人と小林が明永村を訪問
10／28　明永村に建立した新記念碑の除幕式
10／29　遺体捜索5（チャシ、小林）
　　2006年に回収した遺品の全重量10kg

2007年
1／15　梅里雪山遭難17回忌法要
5／11　遺体捜索1（チャシ）
5／15、16、17　明永村で大雨が降り、土石流が家屋を襲う
6／4～6／9　明永村を小林が訪問
6／5　遺体捜索2（チャシ、ルゾン、小林）
8／17　遺体捜索3（チャシ）
9／15　遺体捜索4（チャシ）
9／28　遺体捜索5（チャシ）
10／24～11／3　日本側遺族4人と小林が雨崩村と明永村を訪問
10／29　遺体捜索6（チャシ、小林、村民1人）
11月　3年分の遺骨のDNA鑑定を始める

2007年に回収した遺品の全重量10kg

2008年

3/2 ドキュメンタリー番組『梅里雪山 17人の友を探して』放映

3/21 明永村チャシ村長の娘が来日

6/1〜6/3 明永村を小林が訪問

6/2 遺体捜索1（チャシ、小林）

7月 飛来寺の慰霊碑が、再開発工事のため撤去

7/25 遺体捜索2（チャシ）

8/24 遺体捜索3（チャシ）

8/25〜8/28 日本側遺族5人と小林が明永村を訪問

10/18〜10/19 明永村を小林が訪問

10/19 遺体捜索4（チャシ、小林）

2008年に回収した遺品の全重量10kg

2009年

5/7 遺体捜索1（チャシ）

5/17〜5/20 明永村を小林が訪問

5月 2007年に始めたDNA鑑定の結果、清水隊員を確認できず

9月 遺体捜索2（チャシ）

10/11 遺体捜索3（チャシ）

11/17〜11/22 明永村を小林が訪問

11/21	遺体捜索4（チャシ、馬継武、小林）
	2009年に回収した遺品の全重量5kg
2010年	
3月	明永村チャシ村長の娘が大学合格
8月	遺体捜索1（村民1人）
9月	遺体捜索2（村民1人）
9月現在	17人の遭難者のうち、遺体未確認の隊員は清水久信氏1人
	梅里雪山は未踏峰のままである
	明永氷河の末端は、1998年から2010年の間に600m以上後退した

梅里雪山——十七人の友を探して

二〇一〇年十一月十五日　初版第一刷発行
二〇二〇年四月十日　初版第三刷発行

著　者　小林尚礼
発行人　川崎深雪
発行所　株式会社　山と溪谷社
郵便番号　一〇一―〇〇五一
東京都千代田区神田神保町一丁目一〇五番地
https://www.yamakei.co.jp/

■乱丁・落丁のお問合せ先
山と溪谷社自動応答サービス　電話〇三―六八三七―五〇一八
受付時間／十時～十二時、十三時～十七時三十分（土日、祝日を除く）
■内容に関するお問合せ先
山と溪谷社　電話〇三―六七四四―一九〇〇（代表）
■書店・取次様からのお問合せ先
山と溪谷社受注センター　電話〇三―六七四四―一九一九
ファクス〇三―六七四四―一九二七

フォーマット・デザイン　岡本一宣デザイン事務所
印刷・製本　株式会社暁印刷
定価はカバーに表示してあります

Printed in Japan ISBN978-4-635-04722-7